via reise radtour

Ulrike Wiebr

Die besten E-Bike-Touren rund um Berlin

Inhalt

GPS-Tracks

Als Ergänzung zu den Karten im Buch kann man die GPS-Tracks für alle Touren auf der Homepage des via reise verlags herunterladen. Damit lassen sich die Wegstrecken auf einem Smartphone (mit geeigneter App) oder einem anderen GPS-Gerät auf einer digitalen Karte darstellen.

Den Link und eine Kurzanleitung zur Verwendung der Dateien finden Sie bei den Informationen zum Buch unter www.viareise.de.

Mit dem E-Bike durch Brandenburg

Warum E-Bike?

Wenn man sich das Berliner Umland ansieht, in dem kleinere oder größere Erhebungen eher die Ausnahme sind, stellt sich vielleicht die Frage: Brauche ich hier wirklich elektrische Unterstützung beim Radfahren, brauche ich ein *Pedelec*? Denn ein solches ist eigentlich gemeint, wenn landläufig (und auch hier) vom *E-Bike* die Rede ist. Ein Pedelec unterstützt seinen Fahrer mit der Kraft eines je nach Bedarf zugeschalteten Elektromotors (fährt jedoch – im Gegensatz zu manch echtem „E-Bike" – niemals von alleine). Aber ist das angesichts des flachen Landschaftsprofils nicht ohnehin überflüssig?

Nun, die wachsende Zahl von Pedelec-Fahrern in Berlin und Brandenburg spricht für sich. Dabei sind es keineswegs nur die Älteren, die immer häufiger auf ein Rad mit Unterstützung zurückgreifen. Schließlich gibt es dafür mehrere gute Gründe: Mit einem solchen Gefährt erlangt man einfach ein großes Stück Freiheit und Unbeschwertheit. Der Radius der Touren wird auch für ungeübte Fahrer größer. Und wer zum Beispiel selbst nicht so fit, aber mit sportlichen Begleitern unterwegs ist, braucht sich keine Sorgen darüber zu machen, ob er mit den anderen mithalten kann. So werden gemeinsame Touren ganz unterschiedlicher Radlertypen möglich, die sich sonst schwer verwirklichen ließen.

Selbst für Radler mit guter Kondition ist es mitunter angenehm, sich bei Gegenwind oder hügeligem Terrain Unterstützung zu holen oder in einem weniger attraktiven Gebiet einfach mal durchstarten zu können. Untersuchungen haben gezeigt, dass Radler, die sich ein Pedelec angeschafft haben, im Durchschnitt häufiger und länger auf zwei Rädern unterwegs sind.

Die Autorin

Für **Ulrike Wiebrecht,** Reisejournalistin und Buchautorin in Berlin, ist das Fahrrad das ideale Fortbewegungsmittel, um in der flachen und seenreichen Landschaft rund um die Hauptstadt das Glück der Entschleunigung zu erleben. Seit sie sich ein E-Bike gegönnt hat, kann sie auch über Gegenwind lachen.

Wie funktioniert es?

Gespeist wird der Motor des Pedelecs durch einen Akku, der zuvor aufgeladen und dann je nach Fahrradtyp im Rahmen oder an einer anderen Stelle befestigt wird. Vor Diebstahl ist er durch ein Schloss gesichert. Durch Akku und Motor wird das Rad wesentlich schwerer, was ein entscheidender Nachteil der E-Bikes ist. Nicht alle können schließlich ein 25 oder 30 Kilo schweres Rad eine Treppe in Bahnhöfen hoch- oder runtertragen.

Wie schnell die Akkuladung verbraucht ist, hängt von der Fahrweise ab: Je länger man mit Unterstützung fährt, desto schneller entlädt sich der Akku. Fährt man ständig mit voller Unterstützung, ist seine Leistung vielleicht schon nach 30 oder 40 Kilometern verbraucht. Am besten probiert man erst einmal aus, wie weit man kommt, bevor man eine lange Tour in Angriff nimmt.

Um die Lebensdauer des Akkus zu erhöhen, sollte man ihn möglichst nicht „leerfahren", sondern nach jeder Fahrt aufladen, außerdem trocken und bei mäßigen Temperaturen lagern.

Wo kann man E-Bikes leihen?

An vielen Stellen in Berlin oder im Umland kann man Pedelecs ausleihen, was in der Regel zwischen 20 und 30 Euro pro Tag kostet. Einige Verleihstellen werden bei den Touren angegeben. Oft bieten die Verleiher gegen Gebühr den Transport zum Start- oder vom Zielpunkt an. Es gibt sowohl City-E-Bikes als auch Trekking-Varianten. Dabei kann man getrost nach persönlichen Vorlieben entscheiden, ein Trekking-E-Bike ist im Berliner Umland nicht unbedingt erforderlich.

Hat man noch keine Erfahrungen mit E-Bikes, sollte man sich zunächst mit den Rädern vertraut machen. Für viele mag es verführerisch sein, schnell auf Touren zu kommen, allerdings muss man bei höheren Geschwindigkeiten auch den entsprechenden Bremsweg einkalkulieren.

Ladestationen

In der Regel lassen sich alle Touren in diesem Buch mit einer Akku-Ladung machen, wobei es davon abhängt, wieviel elektrische Unterstützung man braucht. Aufladen kann man den Akku im Grunde an jeder Steckdose, sofern man das eigene Ladegerät dabei hat, was sich im Zweifelsfall (und bei mehrtägigen Touren)

Das Radwegenetz ist gut ausgeschildert

empfiehlt. Denn wie bei vielen anderen elektronischen Geräten gibt es hier uneinheitliche Systeme.

Akku-Ladestationen finden sich inzwischen oft an Bahnhöfen und Tourist-Informationen. Manche Cafés und Gaststätten bieten den Service explizit an, denn es ist natürlich ebenso praktisch wie verlockend, sich selbst auch einen Imbiss zu gönnen, während der Akku auftankt. Bei den Touren werden einige Ladestationen aufgeführt.

Zu empfehlen sind die touristischen Webseiten der Reiseregionen, die in der Regel unter der Rubrik Fahrrad/Radtouren viele Informationen zu Radwegen und Strecken, aber auch zu Fahrradverleihen und zunehmend auch zu E-Bike-Lademöglichkeiten aufführen (siehe Kasten).

Genussradeln in Brandenburg

Grellgelbe Rapsfelder, beschauliches Auen- und Weideland, endlose Baumalleen, Kiefern- und Buchenwälder: Mag sein, dass es spektakulärere Landschaften gibt. Aber viele empfinden gerade das Unaufgeregte der Brandenburgischen Landschaft als wohltuend – vor allem, wenn sie mit dem Rad unterwegs sind.

Während sich die Speichen drehen, schweift der Blick entspannt in die Weite und der Geist lässt sich ein auf neue Entdeckungen. Hier ein verwunschenes Herrenhaus, dort ein preußisches Schlösschen – mal Weltkulturerbe, mal stilles Dörflein. Und immer wieder Wasser. Ins Grüne eingebettete Havelseen, die Flussauen von Oder und Elbe, Fontanes Großer Stechlin oder auch die neu entstandenen Gewässer der gefluteten Bergbaufolgelandschaft in der Lausitz: Mit mehr als 3 000 Seen und über 33 000 Kilometern Fließgewässer bietet Brandenburg reichlich Nass und damit auch genügend Badestellen.

All diese Schönheit kann man sich auf recht bequemen Wegen erradeln. Rund 7 000 Kilometer ausgebaute Radwege sind in den letzten Jahren in Brandenburg entstanden – mit Serviceangeboten wie Ladestationen, Fahrradverleihstellen und über 500 Bett & Bike-Betrieben. Allein zwölf Radfernwege führen durch das Bundesland, darunter der Havel-, der Oder-Neiße-Radweg, die Fernradwege Berlin-Kopenhagen, Berlin-Usedom oder die 1 111 Kilometer lange Tour Brandenburg.

Welches sind die besten Touren?

Bequem sollen sie sein, nicht allzu holperig oder gar sandig. Doch wichtig ist vor allem, dass sie landschaftlich reizvoll sind, an Seen oder Flüssen entlangführen, zu interessanten Orten, guten Ausflugslokalen oder Badestellen. Nun ist manch schöne Gegend nur umständlich zu erreichen. Bei der Auswahl der Routen wurde daher auch darauf geachtet, dass Start- und Zielpunkte von Berlin aus gut und regelmäßig zu erreichen sind und man so nicht zu viel Zeit mit der An- und Abreise verliert. Einige Touren starten auch direkt in Berlin und führen auf guten Radwegen ins Umland.

Ein weiteres entscheidendes Kriterium war die Kombinierbarkeit der Touren, sodass sich aus mehreren Einzeletappen eine mehrtägige Reise zusammenstellen lässt: durchs wunderschöne Havelland, von Berlin aus durchs Oderbruch oder durchs Ruppiner Land nach Templin und Chorin und weiter bis an die Oder.

Radwege, Verleihe, Ladestationen

www.havelland-tourismus.de/radfahren
Fahrradvermietung/-service

www.seenland-oderspree.de/Ausfluege/aktiv-im-seenland/Radfahren-im-Seenland
Radverleiher & E-Bike Ladestationen

www.reiseland-brandenburg.de
Guter Gesamtüberblick über E-Bike-Verleih- und -Ladestellen (unter Aktivitäten & Erlebnisse ▸ Aktiv&Natur ▸ Radfahren).

www.sonne-auf-raedern.de
Professioneller Anbieter von Elektrorädern, in vielen Orten Brandenburgs vertreten. Karte mit Ladestationen (▸ E-Bike freundliche Region).

www.fahrrad.de
Gibt einen – nicht vollständigen – Überblick über Ladestationen in ganz Deutschland.

Tipps & Tickets

An- und Abreise

Alle Touren wurden so ausgewählt, dass die An- und Abreise mit öffentlichen Verkehrsmitteln erfolgen kann – also mit den Berliner S-oder U-Bahnen, mit den Regionalzügen der Deutschen Bahn, den in Brandenburg verkehrenden Privatbahnen oder Fähren der Berliner Verkehrsbetriebe. Fahrräder kann man hier mitnehmen, sollte dabei jedoch das Folgende beachten:

- Die Platzkapazitäten für Fahrräder in S-Bahnen und Regionalzügen sind begrenzt. Auch mit Fahrradticket besteht kein Anspruch und damit keine Garantie auf Mitnahme.
- Vor allem an schönen Sommerwochenenden wird es in den Fahrradabteilen häufig sehr eng. Deshalb sollte man Stoßzeiten vermeiden und für die Rückfahrt nicht den letzten Zug wählen, der voll sein könnte. Wenn möglich, weicht man an solchen Tagen auf Touren aus, die mit der S-Bahn zu erreichen sind, deren Frequenz deutlich höher ist.
- Wenn es in den Fahrradabteilen eng wird, ist es sinnvoll, sich mit den Mitfahrern hinsichtlich des Ausstiegs abzusprechen. Die Seitentaschen sollte man gleich abnehmen, damit mehr Fahrräder in die Abteile passen.
- Da E-Bikes ziemlich schwer sind und die meisten Fahrer daher in den Bahnhöfen auf einen Fahrstuhl angewiesen sind, sollte man sich vorab auf der Website des VBB vergewissern, dass die Fahrstühle der jeweiligen Bahnhöfe nicht gerade defekt sind.
- Umstiegszeiten sollten großzügig geplant werden für den Fall, dass sich andere Fahrgäste an den Aufzügen drängen und man dadurch mehr Zeit benötigt.

Fahrscheine

Grundsätzlich ist zwischen Touren ins nahe Berliner Umland (Tarifbereich ABC) und nach Brandenburg zu unterscheiden. Unabhängig vom Ticket muss man für die Beförderung des Fahrrads zusätzlich immer eine Fahrradkarte kaufen. Fahrscheine erhält man an den BVG- und (S-)Bahn-Automaten und an den Ticketschaltern sowie per Smartphone über die **VBB-App,** auch ohne Registrierung.

Touren ins Berliner Umland (Tarifbereich ABC)

Ticket	AB	BC	ABC
Einzelfahrschein	3,00 €	3,50 €	3,80 €
24-Stunden-Karte	8,80 €	9,20 €	10,00 €
Fahrradkarte Einzelfahrschein	2,10 €	2,40 €	2,70 €
Fahrradkarte Tageskarte	5,00 €	5,40 €	5,60 €
Fahrradmonatskarte	11,50 €	nur AB	14,50 €
Stand: April 2021			

Gut zu wissen: Die Einzelfahrscheine sind günstiger, wenn man gleich vier auf einmal in Form von 4-Fahrten-Karten kauft. Wer eine AB-Monatskarte hat, braucht für einen Ausflug in den C-Bereich (nahes Umland) nur einen Anschlussfahrschein zu kaufen – sowie zusätzlich eine Fahrradkarte.

Touren in Brandenburg

Ticket	VBB-Gesamtnetz
Einzelfahrschein	je nach Entfernung [1]
Tageskarte	23 €
Brandenburg-Berlin-Ticket [2]	33 € (am DB-Automaten/Internet) 35 € (am Schalter)
Fahrradkarte Einzelfahrschein	3,60 €
Fahrradkarte Tageskarte	6 €
Fahrradmonatskarte	23,50 €

[1] Mit BC 25/50 gilt der ermäßigte Tarif
[2] Gilt für bis zu fünf Personen (zusätzlich fahren bis zu drei Kinder bis 14 Jahre kostenlos mit, es müssen nicht die eigenen sein) werktags von 9 Uhr bis 3 Uhr des Folgetags, am Wochenende ab 0 Uhr.

Empfehlung: Oft lohnt sich das Brandenburg-Berlin-Ticket schon ab zwei Personen. Für Einzel-Ausflügler kann bei weiter entfernten Zielen in Brandenburg das Tagesticket die günstigere Wahl sein. In jedem Fall erspart man sich damit das mühselige Kaufen des Rückfahrtickets an geschlossenen Bahnhöfen, wo oft für viele Leute nur ein Automat zur Verfügung steht und das Fahrziel langwierig eingegeben werden muss.

Fahrschein- & Fahrplanauskunft

Verkehrsverbund Berlin-Brandenburg (VBB)
www.vbb.de ·
Kundentelefon: (0 30) 25 41 41 41

S-Bahn Berlin
www.sbahnberlin.de ·
Kundentelefon:
(0 30) 29 74 33 33

Bett & Bike-Betriebe

Die Website www.bettundbike.de vom ADFC macht es Radlern leicht, ein passendes Quartier zu finden. An mehr als 500 Hotels, Pensionen, Jugendherbergen, bei Privatvermietern oder Campingplätzen zeigt die Bett & Bike-Plakette an, dass Radfahrer willkommen sind. Hier können sie ihr Fahrrad über Nacht unterstellen, nasse Kleidung trocknen, kleinere Reparaturen durchführen oder sich in eine nahe Werkstatt transportieren lassen. Außerdem gibt es Touren-Informationen und ein gutes Radler-Frühstück.

Keine Brücke? Hier sorgt die Fähre für Abhilfe

Checkliste Fahrradtour

Vorab klären

⇨ **Ist mein Fahrrad verkehrstüchtig?**
Der ADFC Brandenburg bietet im Frühjahr und Herbst an verschiedenen Orten einen kostenlosen Fahrrad-Check.

⇨ **Fahren alle Bahnen?**
Vor der Tour sicherheitshalber noch einmal die aktuellen Fahrpläne im Internet oder telefonisch abfragen, ob keine Beeinträchtigung des Nahverkehrs vorliegt. Das erspart unschöne Überraschungen.

Nicht vergessen

⇨ **bei Bedarf Ladekabel für Akku**

⇨ **Werkzeug**
Flickzeug, Luftpumpe, eventuell Ersatzschlauch

⇨ **Kleidung für jede Wetterlage**
Nicht nur an Regen-, sondern auch an Sonnenschutz denken.

⇨ **Erste-Hilfe-Set**

⇨ **Proviant**
Ausreichend Flüssigkeit und etwas zu essen. Selbst wenn es unterwegs Gaststätten gibt, weiß man nicht immer, ob man etwas zu essen bekommt.

⇨ **Regionalkarten**
Bewährt haben sich die Regionalkarten des ADFC im Maßstab 1 : 75 000.

Info-Adressen für Radfahrer

⇨ Hier gibt es Auskünfte für Radausflügler und Radreisende:

ADFC Landesverbände
LV Berlin
Yorckstraße 25
10965 Berlin
(0 30) 4 48 47 24
www.adfc-berlin.de

LV Brandenburg
Gutenbergstraße 76
14467 Potsdam
(03 31) 2 80 05 95
www.brandenburg.adfc.de

Tourismus-Marketing Brandenburg GmbH
Am Neuen Markt 1
14467 Potsdam
(03 31) 2 00 47 47
www.reiseland-brandenburg.de

Informations- & Buchungsservice, spezielle Homepage zum Thema Radfahren:
www.radeln-in-brandenburg.de

1 Berlin – Wandlitz

Auf dem Pankeradweg zum Badesee

Start	Ziel	Länge	Fahrzeit
U-Bhf. Schwarzkopfstraße	Bhf. Wandlitz oder Bhf. Wandlitzsee	50 km	ca. 4 Std.

Erstaunlich grün ist der Weg, der vom dicht besiedelten, urbanen Berliner Bezirk Wedding an der Panke entlang aus der Stadt hinausführt. Neben geschichtsträchtigen Industriebauten säumen der Bürger- und der Schlosspark Pankow mit dem Schloss Schönhausen sowie der Schlosspark von Buch den Weg. Nächste Station ist das über 700 Jahre alte Bernau mit Relikten des Mittelalters wie der Marienkirche oder dem Henkerhaus. Auf der folgenden Etappe nach Wandlitz wartet unterwegs mit dem Bauhausdenkmal Bundesschule ein Stück UNESCO-Weltkulturerbe im Grünen. Nachdem man den lauschigen Liepnitzsee umkreist hat, empfängt einen schließlich der weite, offene Wandlitzsee mit seinem Strandbad. Die perfekte Mischung aus Kultur, Natur und Wasser!

Grüne Idylle im urbanen Umfeld: die Panke im Stadtteil Wedding

Infos zur Tour

Anfahrt
U-Bahnhof Schwartzkopfstraße (U6, alle 5–10 Min., 4 Min. ab S-/U-Bhf. Friedrichstraße)

Rückfahrt
Bahnhof Wandlitz (RB 27 alle 60 Min. bis Berlin-Karow, dann mit S2 bis S-/U-Bhf. Friedrichstraße, ca. 45 Min.)

Varianten
Nach der 27 km langen Teilstrecke bis Bernau kann man von dort mit der S-Bahn zurückfahren.

Streckenverlauf
Wedding – Pankow – Buch – Zepernick – Bernau – Wandlitzsee – Wandlitz

Streckencharakteristik
Befestigte oder asphaltierte, teils straßenbegleitende Rad- oder Waldwege

Schwierigkeit
Einfach

Beschilderung
Panke-Radweg und Fernradweg Berlin-Usedom bis Bernau, lokale Ausschilderung

Information
Tourismusverein Naturpark Barnim e. V.
im Bahnhof Wandlitzsee · 16348 Wandlitz · (03 33 97) 6 72 77 · www.barnim-tourismus.de

Fahrradverleih
Berlin

urban bike tours
Kastanienallee 55 · 10119 Berlin-Mitte · (0 30) 71 53 30 20 · urban-bike-tours.com · tgl. 10–18 Uhr

E-Bike Tours Berlin
Dorotheenstraße 30 · 10117 Berlin-Mitte · www.e-bike-touren-berlin.de · (0 30) 34 35 19 45

Zweiradcenter Stadler
Königin-Elisabeth-Straße 9–23 · 14059 Berlin-Charlottenburg · Mo–Sa 10–20 Uhr
Hier Abholung der Räder, Buchung ausschließlich online über www.travelbike.de

Ladestationen
Bernau
Innenstadt, Ecke Alte Brauerei 4 / Neue Straße

Wandlitz
Barnim Panorama · Breitscheidstraße 8–9 (▸ Seite 21)

Baden
Badestellen am Liepnitz- und Wandlitzsee

Waldbad Liepnitzsee
Gottlieb-Daimler-Straße · (03 33 97) 8 19 15 · geöffnet Mai–Sep.

Strandbad Wandlitzsee
Prenzlauer Chaussee 154 · 16348 Wandlitz · (03 33 97) 36 07 91 · geöffnet Juni–15. Sep.

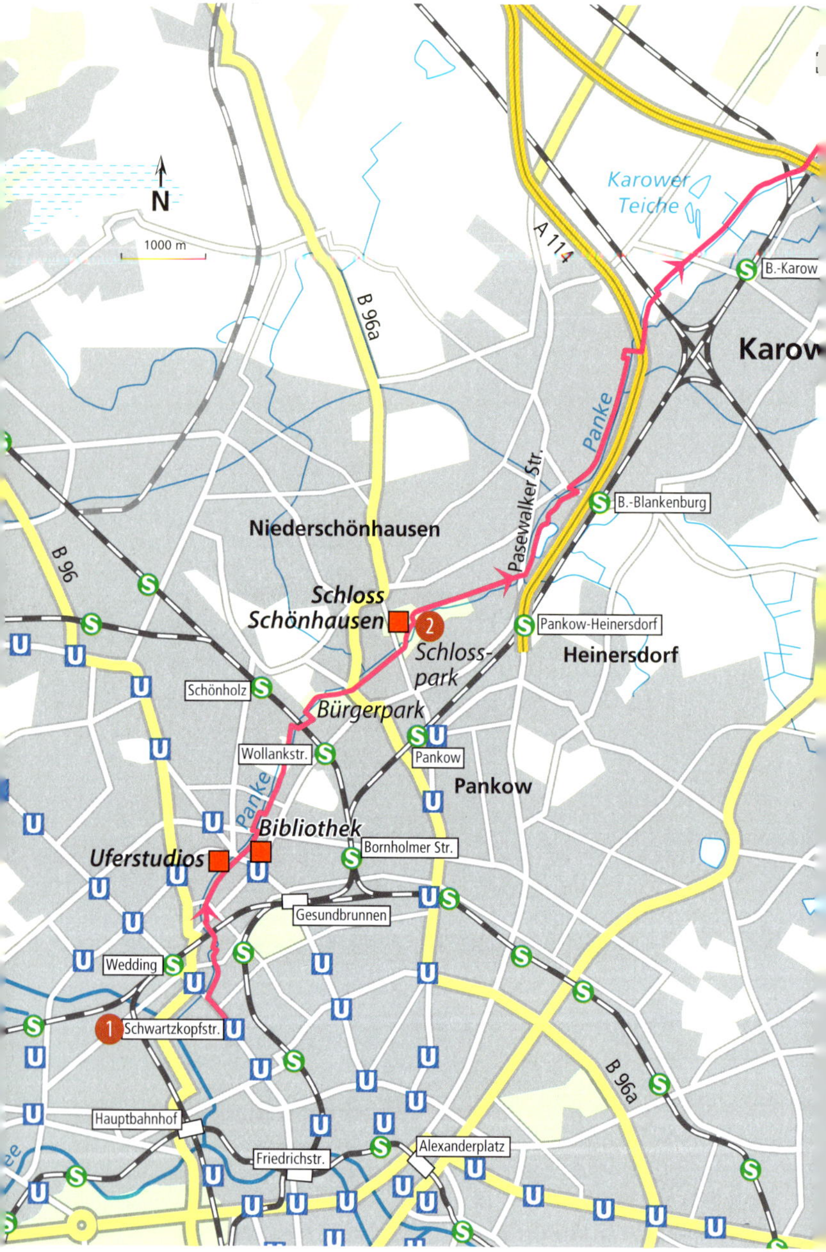
N
1000 m
Karower Teiche
A 114
B.-Karow
Karow
B 96a
Panke
Pasewalker Str.
B.-Blankenburg
Niederschönhausen
B 96
Schloss Schönhausen
2
Schloss-park
Pankow-Heinersdorf
Heinersdorf
Schönholz
Bürgerpark
Wollankstr.
Pankow
Pankow
Bibliothek
Uferstudios
Bornholmer Str.
Gesundbrunnen
Wedding
1
Schwartzkopfstr.
B 96a
Hauptbahnhof
Friedrichstr.
Alexanderplatz

Stolzen-
hagener
See
Wandlitz-
see
Chaussee
Wandlitzsee
Rist. alla
Fontana
Barnim
Panorama
Dorf-
kirche
Prenzlauer
Wandlitz
Wandlitz 6
B 109
Ützdorf
Jägerheim
Liepnitz-
Großer
Werder
see 5
Krumme
Lanke
Lanke
Obersee
A 11
Hellsee
B 273
Waldsiedlung
Lobetal
Basdorf
Basdorf
Bauhaus Denkmal
Bundesschule
Ladeburg
A 11
B 2
Bernau 4
Gorin-
see
B 109
Stein-
tor
St. Marien-
kirche
Schönwalde
Schönwalde
Schönow
Bernau
Bernau-Friedenstal
Panke
B.-Zepernick
Zepernick
B.-Röntgental
Panke
Pölnitzweg
Schlosspark
Buch
B.-Buch
Buch 3
N
1000 m
Karower
Teiche
A 10
A 114
B.-Karow
Karow

Einkehren

Jägerheim Ützdorf
Herzhafte Küche mit frischem Fisch und Wildspezialitäten. Auch komfortable Zimmer (DZ ab 75 €).
Wandlitzer Straße 12 · 16348 Wandlitz, OT Lanke-Ützdorf · (03 33 97) 75 30 · www.hotel-am-liepnitzsee.de · Tgl. ab 11.30 Uhr

Ristorante alla Fontana · Strandrestaurant Wandlitzsee
Beliebtes Ausflugslokal neben dem Strandbad mit großer Terrasse am See und italienischer Küche.
Prenzlauer Allee 154a · 16348 Wandlitz · (03 33 97) 6 83 03 · www.fontana-wandlitz.de · Tgl. 11–23 Uhr

km 0–7

Vom U-Bahnhof Schwartzkopfstraße zum Schlosspark

Zur **Panke** *gelangt man am schnellsten, wenn man aus dem* **U-Bahnhof Schwartzkopfstraße** (1) *kommend die Chausseestraße stadtauswärts hochradelt und an der Ecke Liesenstraße rechts in den Grünzug einbiegt, der das Flüsschen nun fast durchgängig durch die Stadt begleitet. Immer am Ufer entlang radelt man weiter Richtung Norden.*

Anders als Spree oder Havel ist die Panke kein „strudelnder Fluss", was das slawische Wort „pankowe" wörtlich übersetzt bedeutet, stattdessen ein unscheinbares Fließgewässer, das sich tapfer seinen Weg durch den dichtbesiedelten Norden Berlins bahnt.

Schon bald tauchen die für den Bezirk typischen Industriebauten früherer Zeiten auf: Kurz bevor der Weg die Badstraße kreuzt, liegen links am Weg die **Uferstudios:** 1928 im Stil der Neuen Sachlichkeit aus Klinkerstein errichtet und bis 2007 von den Berliner Verkehrsbetrieben genutzt, bewähren sie sich heute als Zentrum für zeitgenössischen Tanz.

Auf der anderen Seite der Badstraße geht es auf der Travemünder Straße weiter, wo man ein weiteres Architektur-Juwel passiert: die **Bibliothek am Luisenbad.** Das Gebäude diente früher als Kino, wurde Ende der 1970er-Jahre vor dem Abriss gerettet und offeriert heutigen Lesern eine selten schöne Atmosphäre.

Nach der Osloer Straße wechselt der Radweg auf die linke und kurz darauf wieder auf die rechte Flussseite. Ein weiteres Mal wechselt man die Flussseite auf Höhe der Gottschalkstraße, bevor man an der Kühnemann-/Nordbahnstraße nach rechts den Fluss wieder überquert und gleich darauf links unter der S-Bahn hindurch in die Wilhelm-Kuhr-Straße abbiegt. Nach einem kurzen Stück folgt man den Wegweisern über die Straße Am Bürgerpark und durch die schöne Parkanlage. Durch den östlichen Parkausgang gelangt man auf die Parkstraße und radelt durch **Pankow,** *den Stadtteil, der der Panke seinen Namen verdankt. Hinter der Ossietzkystraße erreicht man den* **Schlosspark** 2 *und durchquert ihn auf dem Pankeradweg. Ab jetzt befindet man sich auch auf dem Fernradweg Berlin-Usedom.*

Pankow

Einer der am dichtesten besiedelten Bezirke Berlins zeigt sich hier von seiner idyllischen grünen Seite, erst im **Bürgerpark,** dann im **Schlosspark.** Hier hat **Schloss Schönhausen** die Jahrhunderte überdauert. 1621 als barockes Herrenhaus errichtet, war es von 1740 bis 1797 Sommerfrische von Königin Elisabeth Christine. Als solche wurde es zumindest deklariert, als Friedrich der Große seine unerwünschte Gemahlin dorthin abschob. Immerhin hat sie eine opulente Raumausstattung mit stuckiertem Festsaal hinterlassen. Die nutzten die Nazis später als Depot für beschlagnahmte „entartete" Kunst, bevor hier zu DDR-Zeiten Staatsgäste wie Fidel Castro oder Michail Gorbatschow logierten. Inzwischen führt ein Museum durch die bewegte Geschichte des Orts (Tschaikowskistraße · www.spsg.de · Apr.–Okt. Di–So 10–17.30 Uhr).

Erholungsoase: Rosengarten im Bürgerpark

Vom Schlosspark Pankow nach Bernau

km 7–27

Hat man die Pasewalker Straße überquert, wird es kurzzeitig ungemütlich. Da führt der Radweg ein Stück an der Autobahn A 114 entlang und dann an Kleingartenkolonien vorbei. Anders als beim offiziellen Radweg Berlin-Usedom fährt man geradeaus weiter. Dann muss man aufpassen, dass man an der Straße 73 nicht die Abbiegung zur Brücke verpasst, die einen über den Klarapfelweg nach rechts über die Autobahn und auf der anderen Seite in einer Schleife zur Panke zurückführt. Jetzt folgt man dem Flüsschen an den **Karower Teichen** *vorbei nach* **Buch** 3**,** *Berlins nördlichsten Ortsteil, der mit seinem Klinik-Campus wichtiger Gesundheitsstandort ist. Auch hier gab es einst ein Schloss, doch davon haben nur die barocke* **Schlosskirche** *und die hübsche* **Parkanlage** *überlebt, durch die der Radweg führt, bevor er sich nach Überquerung des Pölnitzwegs wieder dem Fluss nähert und es auf dem Wiesenweg weitergeht.*

Der weitere Streckenverlauf klingt in der Beschreibung kompliziert, erschließt sich vor Ort aber leicht dank der Ausschilderung Radweg Berlin–Usedom. Es geht im Zickzack durch Siedlungsgebiet: an der Straße 5 rechts, an Straße 7 wieder links und dem Wegweiser folgend zur Bahnhofstraße. Von dort radelt man rechts auf der Triftstraße, wieder rechts an der Straße der Jugend und auf dem Fahrradweg über die Schönerlinder Straße hinweg in die Poststraße und in die links abzweigende Eisenbahnstraße, die einen in einer Rechtskurve zum **S-Bahnhof Zepernick** *bringt.*

Im Zepernicker Ortsteil Röntgental befand sich von 1979 bis Anfang 1990 das sogenannte Zentrale Aufnahmeheim. Zuwanderer aus der BRD in die DDR wurden in dieser geheimen Einrichtung zum Zwecke der Überprüfung und Integrationsvorbereitung vorübergehend untergebracht.

Relikt des Mittelalters: das Steintor in Bernau

Weiter geradeaus führt der Radweg Berlin-Usedom parallel zu den Bahngleisen nach etwa 1 Kilometer auf die Oderstraße (später Ernst-Moritz-Arndt-Straße), auf die rechts abzweigende Eichendorffstraße und links auf der Theodor-Körner-Straße über die Zepernicker Chaussee hinweg wieder zur Panke. Nun geht es etwa 2 Kilometer am Flüsschen entlang, bis nach der A 11 Autohäuser und der Turm der Herz-Jesu-Kirche **Bernau** 4 *ankündigen. Durch das mächtige* **Steintor** *gelangt man bald darauf ins Zentrum.*

Bernau

Während des Zweiten Weltkriegs stark zerstört, haben sich in dem 700 Jahre alten Städtchen neben der mittelalterlichen **Stadtmauer** immerhin einige imposante Bauten erhalten. Allen voran die **St. Marienkirche,** eine spätgotische Backsteinhalle, die romanisch begonnen, aber erst 1519 geweiht wurde und im Inneren einen Flügelaltar aus der Schule von Lucas Cranach dem Älteren in sich birgt (Kirchplatz 8 · www.bernaustmarien.de · Ostern–Okt. tgl. 14–16 Uhr).

Nicht weit davon entfernt erinnern im **Henkerhaus** allerlei Folterinstrumente an die frühere Scharfrichterei. Vom knapp 30 Meter hohen Turm schweift der Blick über Stadt und Umgebung (Am Henkerhaus · (0 33 38) 22 45 · Di–Fr 9–12, 13–17, Sa/So 10–13, 14–17 Uhr). Im **Steintor,** dem einzigen erhaltenen von ehemals drei Stadttoren, ist wiederum ein Teil des Heimatmuseums mit Rüstungskammer, Wehrgang und Hungerturm untergekommen (Berliner Straße · (0 33 38) 29 24 · Mai–Okt. Di–Fr 9–12, 14–17, Sa/So 10–13, 14–17 Uhr).

Das älteste Haus der Stadt ist das **Kontorhaus** im Fachwerkstil von 1582. Durchweg Zeitgenössisches gibt es dagegen am **Pulverturm** zu sehen: Da präsentiert das **Intermedia Arts Museum** Werke des Film-, Video- und Fotokünstlers Wolf Kahlen (Am Pulverturm · (0 33 38) 75 31 75 · www.wolf-kahlen.net · Di–So 15–18 Uhr und jeden 1. So im Monat ab 11 Uhr · (Ticket gilt auch für das Heimatmuseum)).

Von Bernau zum Bauhausdenkmal Bundesschule

km 27–32

Vom Marktplatz fährt man auf der Mühlenstraße, die später Oranienburger Straße bzw. Wandlitzer Chaussee heißt, geradeaus am St. Georgenhospital und dem 100 Jahre alten Wasserturm vorbei aus der Stadt hinaus. Nach ca. 5 Kilometern und über die A 11 hinweg gelangt man zum **Bauhaus Denkmal Bundesschule Bernau,** *das rechts der Straße liegt.*

Weltkulturerbe Bauhaus Denkmal Bundesschule Bernau

Das Gebäudeensemble ist ein Werk der Bauhausarchitekten Hannes Meyer und Hans Wittwer, die mit der Bundesschule des Allgemeinen Deutschen Gewerkschaftsbundes 1928 ihre Idee vom rationalen Funktionalismus verwirklichten. Das lichtdurchflutete Tagungszentrum mit Aula, Speisesaal, Wintergarten und Sporthalle fügt sich schön in die Waldlandschaft ein und gehört heute zum Weltkulturerbe der UNESCO. Im Innern informiert die Ausstellung „Schule im Walde“ mit Schautafeln und Fotos über die Geschichte des Baus, der im Dritten Reich als Reichsführerschule von SS und Gestapo und in DDR-Zeiten vom Freien Deutschen Gewerkschaftsbund (FDGB) genutzt wurde. Seit 2007 betreibt die Berliner Handwerkskammer in Teilen des Ensembles ein Internat (Hannes-Meyer-Campus 9 · (0 33 38) 76 78 75 · www.bauhaus-denkmal-bernau.de · Führungen Sa und So 11.30 und 14.30 Uhr).

km 32–50 Vom Bauhaus Denkmal über Ützdorf nach Wandlitz

Von der Bundesschule geht es weiter auf dem Radweg entlang der Wandlitzer Chaussee, bis nach ca. 5 weiteren Kilometern rechts die Abzweigung durch den Wald zum **Liepnitzsee** 5 *führt. Um den reizvollen, von Buchen umstandenen See zu umrunden, folgt man den Hinweisschildern Richtung Ützdorf. Bequemer als der holperige Naturlehrpfad am teils steilen Seeufer ist der asphaltierte Fahrradweg, der etwas abseits des Sees verläuft. Während man durch Buchenwald radelt, blitzt zwischen den hohen Bäumen das Wasser auf. Zwischendurch führen auch Stichwege zum Seeufer.*

Von dort kann man auf die idyllische **Insel Großer Werder** übersetzen, wo die kultige Insulanerklause zu Erfrischungen einlädt. Zu erreichen ist sie mit einer kleinen Fähre vom Nord- und Südufer aus, auf der auch Fahrräder mitgenommen werden können (Fähre Liepnitzsee · (01 72) 3 60 97 75 · www.liepnitzinsel.de · Hauptsaison Mo–Do 10–18, Fr–So 10–19 Uhr, Nebensaison verkürzt).

Weiter geht es nach **Ützdorf,** *wo der Weg am Hotel-Restaurant Jägerheim vorbei und dann am Nordufer entlang zum schönen* **Waldbad Liepnitzsee** *mit großzügigen Liegewiesen führt. Kurz darauf zweigt rechts im spitzen Winkel der Weg zum* **Wandlitzsee** *ab. Zwischen kleinen Teichen und Siedlungshäusern geht es in den gleichnamigen Ortsteil mit dem Bahnhof Wandlitzsee, einer weiteren Architektur-Ikone aus dem Jahr 1928. Gleich gegenüber liegt das* **Strandbad Wandlitzsee**. *Um ins Ortszentrum zu gelangen, radelt man links am See entlang. Von dort aus erreicht man später auch über die landeinwärts führende Breitscheidstraße und die Prenzlauer Chaussee hinweg den Bahnhof* **Wandlitz** 6.

Überall lauschige Plätzchen am Liepnitzsee

Wandlitz

Wandelice – Menschen, die am Wasser leben – nannten die Slawen den Ort, bevor sich hier im 13. Jahrhundert deutsche Siedler niederließen. Nachdem zu Beginn des 20. Jahrhunderts die Heidekrautbahn die Zugverbindung mit Berlin herstellte, wurde es zur beliebten Sommerfrische. Davon zeugen nicht nur allerlei Landhäuser, Villen und das Strandbad, sondern auch der **Bahnhof Wandlitzsee,** von Architekt Wilhelm Wagner im Stil der Neuen Sachlichkeit gebaut. Im alten Ortskern gibt es neben der Friedenseiche von 1872 und der **Dorfkirche** von 1716 mit barockem Innenraum vor allem das sehr schön gestaltete **Barnim Panorama** zu sehen. In einem avantgardistischen Neubau spannt es mitsamt einer Traktoren-Herde und einem Schaugarten den Bogen von der eiszeitlichen Wildnis bis in heutige Tage und erzählt anhand von 34 geschichtsträchtigen Orten allerhand interessante Barnim-Geschichten (Breitscheidstraße 8–9 · (03 33 97) 36 05 05 · www.barnim-panorama.eu · Sa–Do 10–18 Uhr).

2 Berlin – Fürstenwalde

An der Spree entlang ins Grüne

Start	Ziel	Länge	Fahrzeit
S-Bhf. Alexanderplatz	Bhf. Fürstenwalde (S-Bhf. Erkner)	74 km (36 km)	ca. 6 Std. (ca. 3 Std.)

Einfach in Berlin losradeln und an der Spree entlang schöne Parkanlagen, mehrere Seen und Badestellen entdecken – dazu lädt diese reizvolle Tour auf dem Europaradwegs R1 und dem Spreeradweg ein. Vorbei an Treptower Park, Plänterwald und Wuhlheide geht es über Köpenick und den Müggelsee nach Erkner. Hier kann man sich auf halbem Weg in der Villa Lassen mit Leben und Werk des Schriftstellers Gerhart Hauptmann vertraut machen. Wer will, kann die Tour auch hier schon beenden. Die zweite Etappe folgt dem Flusslauf durch eine wesentlich einsamere Wald- und Wiesenlandschaft ins geschichtsträchtige Fürstenwalde, wo der Tag in einem Gartenlokal am Ufer der Spree ausklingen kann.

Auf der ersten Etappe säumen historische Bauten das Spreeufer

Infos zur Tour

Anfahrt
S-/U-Bahnhof Alexanderplatz

Rückfahrt
Bahnhof Fürstenwalde
(RE 1 alle 30 Min., ca. 45 Min. bis Berlin Hbf.)

Streckenverlauf
Alexanderplatz – Oberbaumbrücke – Treptower Park – Wuhlheide – Spindlersfeld – Köpenick – Müggelsee – Erkner –Hohenbinde – Jägerbude – Steinfurt – Hartmannsdorf – Neu Hartmannsdorf – Kirchhofen – Mönchwinkel – Hangelsberg – Fürstenwalde

Varianten
Wenn man nicht durchs Berliner Stadtzentrum fahren möchte, kann man die Tour auch am S-Bhf. Treptower Park beginnen.
Die Tour lässt sich ziemlich genau in Erkner halbieren. Rückfahrt ab S-Bhf. Erkner alle 30 Min. mit RE 1 in 20 Min. oder alle 20 Min. mit S3 in 44 Min. nach Berlin Hbf.

Kombinationsmöglichkeiten
Die Tour ist kombinierbar mit Tour 3 von Fürstenwalde nach Gusow und Tour 4 von Gusow nach Fürstenwalde.

Streckencharakteristik
Landschaftlich reizvolle Tour, teils auf bequemen, asphaltierten Radwegen, teils auf wenig befahrenen Nebenstraßen

Schwierigkeit
Einfach

Beschilderung
bis Erkner Europaradweg R1,
Erkner bis Fürstenwalde Spreeradweg

Information
Touristeninfomation Berlin Treptow-Köpenick
Alt Köpenick 31–33 · 12555 Berlin · (0 30) 65 48 43 48 · www.tkt-berlin.de

Tourismusverband Seenland Oder-Spree
Ulmenstraße 15 · 15526 Bad Saarow · (03 36 31) 86 81 00 · www.seenland-oderspree.de

Europaradweg R1
www.r1-radweginfo.de

Spreeradweg
www.reiseland-brandenburg.de

Fahrradverleih
Berlin
(▸ Tour 1, Seite 13)

Ladestationen
Fürstenwalde
Café-Restaurant M5, Haus am Spreebogen, Restaurant Seeblick (▸ Seite 26)
Touristinformation (▸ Tour 4, Seite 47)
(Achtung: Keine Ladestation in Erkner!)

Baden
Badestellen am Müggelsee

Spaßbad Schwapp
Große Freiheit 1 · 15517 Fürstenwalde · (0 33 61) 3 63 70 · www.schwapp.de · So–Do 10–20, Fr/Sa 10–22 Uhr · 16,50 € / 11 €

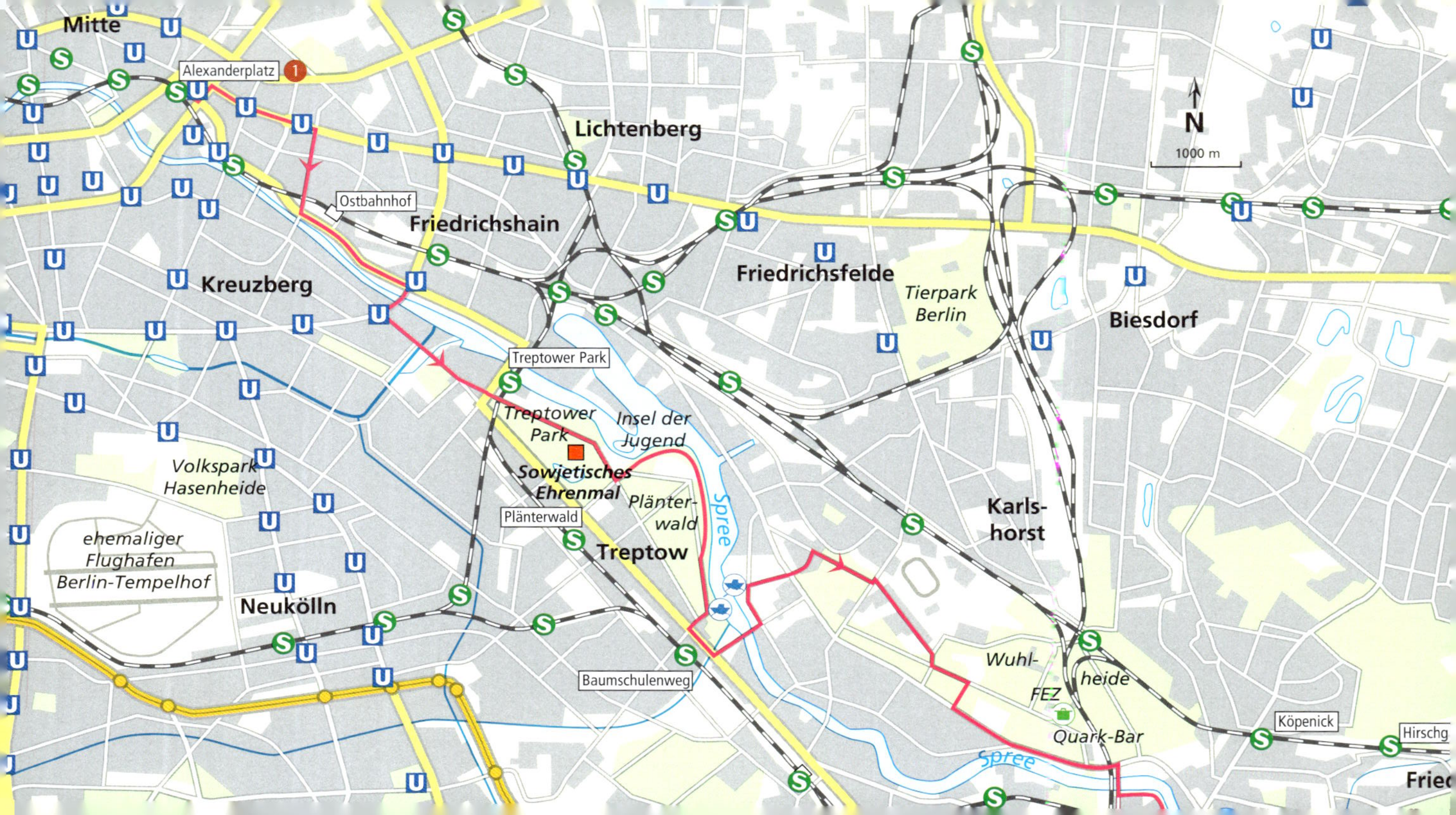
Mitte
Alexanderplatz
1
Lichtenberg
N
1000 m
Ostbahnhof
Friedrichshain
Friedrichsfelde
Kreuzberg
Tierpark
Berlin
Biesdorf
Treptower Park
Treptower
Park
Insel der
Jugend
Volkspark
Hasenheide
Sowjetisches
Ehrenmal
Plänter-
wald
Spree
Plänterwald
Karls-
horst
ehemaliger
Flughafen
Berlin-Tempelhof
Treptow
Neukölln
Baumschulenweg
Wuhl-
heide
FEZ
Quark-Bar
Köpenick
Hirschg
Spree
Fried

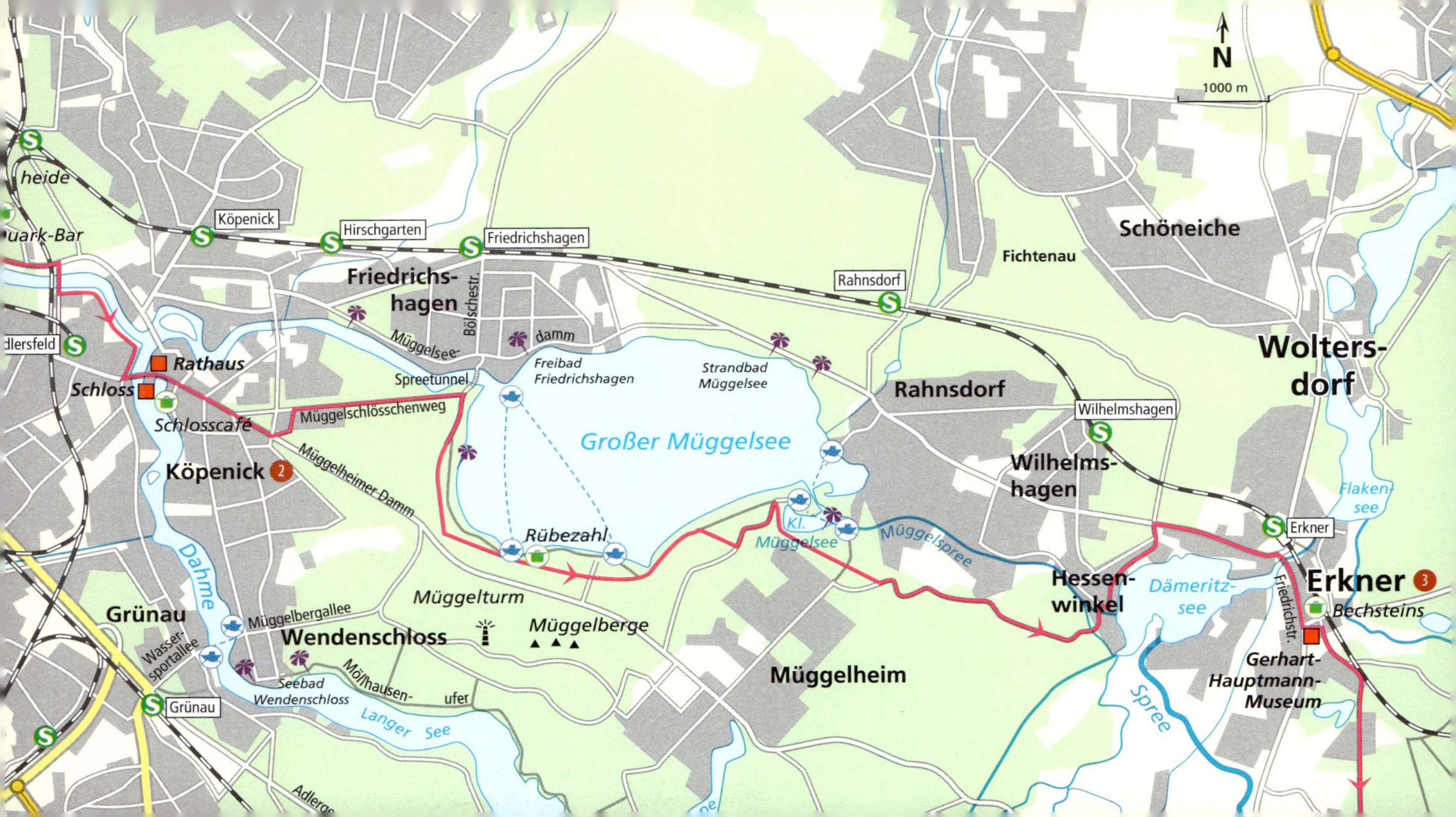
N
1000 m
Schöneiche
Fichtenau
Wolters-
dorf
Flaken-
see
Erkner
Erkner
Bechsteins
Friedrichstr.
Gerhart-
Hauptmann-
Museum
Dämeritz-
see
Spree
Hessen-
winkel
Wilhelmshagen
Wilhelms-
hagen
Rahnsdorf
Rahnsdorf
Müggelspree
Kl.
Müggelsee
Müggelheim
Strandbad
Müggelsee
Großer Müggelsee
Freibad
Friedrichshagen
damm
Müggelsee-
Bölschestr.
Friedrichshagen
Friedrichs-
hagen
Hirschgarten
Köpenick
heide
Quark-Bar
Spreetunnel
Müggelschlösschenweg
Müggelheimer Damm
Rübezahl
Müggelberge
Müggelturm
Wendenschloss
Müggelbergallee
Möllhausen-
ufer
Langer See
Seebad
Wendenschloss
Wasser-
sportallee
Dahme
Grünau
Grünau
Köpenick
Schlosscafé
Schloss
Rathaus
dlersfeld
Adlerg

Einkehren

Quark-Bar · Wuhlheide
Nach dem Motto „Löffel dich glücklich" bietet der Stand alle möglichen Quark-Kreationen, aber auch Kaffeespezialitäten und andere Getränke.
Straße zum FEZ · (0 30) 34 66 46 80 · www.quark-bar.de · Feb.–Nov. je nach Wetterlage Sa/So/Fei 11–18 Uhr

Schlosscafé · Köpenick
Mit schöner Terrasse an der Dahme ist dies der richtige Ort, um sich mit dem beliebten Sonntagsbrunch, Kuchen oder regionaler Küche zu stärken.
Schlossinsel 1 · (0 30) 65 01 85 85 · www.schlosscafe-koepenick.de · Fr/Sa 11–18, So 10–18 Uhr, z. T. wegen Veranstaltungen geschlossen

Rübezahl · Am Müggelsee
Beliebtes Ausflugslokal mit großem Biergarten, Bistro und Bootsverleih. Auf der Speisekarte stehen Grillspezialitäten, Burger und andere herzhafte Speisen.
Müggelheimer Damm 143 · (0 30) 6 56 61 68 80 · www.ruebezahl-berlin.de · Sommersaison Mo–Do 10–18, Fr–So 10–19, sonst Sa/So 10–17 Uhr

Bechsteins Ristorante di Piano · Erkner
Das geräumige Restaurant hat wesentlich mehr zu bieten als Pizza. Neben einem großen Angebot an Suppen, Salaten und Antipasti werden auch Fleischspezialitäten wie Lammcarree oder Scampi aufgetischt.
Fürstenwalder Straße 1 · 15537 Erkner · (0 33 62) 8 89 22 23 · www.ristorante-di-piano.de · tgl. ab 12 Uhr

Wirtshaus zum Lindeneck · Hartmannsdorf
Das Gasthaus mit Terrasse serviert eher schlichte Hausmannskost.
Schulstraße 11 · 15528 Spreenhagen · (03 36 33) 6 95 16

Restaurant Seeblick · Fürstenwalde
Auf der Seeterrasse, aber auch am Kamin wird regionale Küche zu fairen Preisen serviert, von Fischsuppe über Wildspezialitäten bis hin zu vegetarischen Gemüsegerichten.
Parkstraße 1 · 15517 Fürstenwalde, OT Trebus · (0 33 61) 34 76 50 · www.restaurantseeblick.com · Di–Sa 11.30–21, So bis 19 Uhr

Restaurant & Café M5 · Fürstenwalde
Guter Kaffee und kleine Gerichte vom Flammkuchen bis zum Linseneintopf.
Mühlenstraße 5 · 15517 Fürstenwalde · (0 33 61) 37 66 57 · www.restaurantm5.de · Mo–Sa 11.30–22 Uhr

Haus am Spreebogen · Fürstenwalde
Hotel-Restaurant mit Bar, das auch auf der Sommerterrasse an der Spree regionale und internationale Küche serviert.
Altstadt 27 · 15517 Fürstenwalde · (0 33 61) 59 63 40 · www.haus-am-spreebogen.de · Mo–Fr ab 17, Sa/So ab 12 Uhr

Von Berlin-Mitte nach Köpenick

km 0–19,5

Startpunkt ist der U- und S-Bahnhof **Alexanderplatz** ❶ *in Berlin-Mitte. Geht man an der S-Bahntrasse entlang Richtung Osten, trifft man hinter der Gleisüberführung auf den markierten Radweg R1. Nach Überquerung der befahrenen Grunerstaße führt er nach links und hinter dem* **Haus des Lehrers** *mit dem auffälligen, bunten Mosaikfries nach rechts auf die Karl-Marx-Allee. Ihr folgt man auf neuem, breitem Radweg über den Strausberger Platz hinweg und biegt kurz dahinter rechts in die Andreasstraße ein, die zum Ostbahnhof führt. Hinter dem Bahnhof fährt man links auf der Mühlenstraße an der* **East-Side-Gallery** *entlang zur* **Oberbaumbrücke** *und überquert dort die Spree. Auf der anderen Seite biegt man direkt links, unter den Gleisen der Hochbahn hindurch, in die Falckensteinstraße ein und dann wieder links in die Schlesische Straße in Richtung* **Treptower Park.** *Hier lässt es sich schön am Spreeufer entlangradeln, das man sich aber mit Fußgängern teilen muss. Der R1 durchquert die 88 Hektar große Grünanlage daher auf der von Platanen gesäumten Puschkinallee. Wer diesen Weg wählt, kann unterwegs einen Blick auf das monumentale* **Ehrenmal der sowjetischen Armee** *werfen, das nach dem Zweiten Weltkrieg zur Erinnerung an die 5000 russischen Soldaten errichtet wurde, die hier begraben liegen. Unweit davon steht die Archenhold Sternwarte mit dem längsten Linsenfernrohr der Welt.*

Kleiner Abstecher zur Insel der Jugend auf der anderen Seite gefällig?

Danach setzt sich der offizielle R1 auf der Neuen Krugallee fort. Schöner ist der Weg aber, wenn man vorher an der Bulgarischen Straße links Richtung Spreeufer abbiegt, sofern man dies nicht schon vorher getan hat. Bei schönem Wetter sind hier allerdings viele Spaziergänger unterwegs. Auf der einen Seite grüßt die **Insel der Jugend,** *die man über die Abteibrücke erreichen kann, auf der anderen dämmert der Vergnügungspark* **Plänterwald** *vor sich hin, der hier um 1969 entstand. Lange verwaist war auch das legendäre Ausflugsrestaurant Eierhäuschen, das man wenig später passiert. Nach der Sanierung sollen Künstler sich das denkmalgeschützte Kleinod mit einem Biergarten teilen.*

Kurz darauf passiert man den Anleger der Fähre F11, einer der ältesten Fährverbindungen Berlins. Man kann hier zum BVG-Tarif über die Spree setzen und erreicht auf der anderen Seite nach ein paar Hundert Metern den Fritz-König-Weg.

Auf dem Landweg biegt man hinter dem Fähranleger rechts in die Baumschulenstraße und folgt ihr bis zur mehrspurigen Köpenicker Landstraße. Hier geht es links und dann wieder links über die stählerne Minna-Todenhagen-Brücke über die Spree.

In Köpenick erstrahlt Berlins einziges Barockschloss in neuem Glanz

Auf der anderen Flussseite angekommen radelt man erst auf der links abzweigenden Nalepastraße durch eine Kleingartenkolonie, bis nach schmalem Pfad rechts der Fritz-König-Weg abbiegt und über die Rummelsburger Landstraße hinwegführt. Auf dem bald rechts abzweigenden Hegemeisterweg geht es in den von Eichen geprägten **Volkspark Wuhlheide** *mit dem Freizeit- und Erholungsheim (FEZ), wo am Wochenende ein Stand mit originellen Quark-Kreationen lockt. Wer will, kann auch dem Modellpark Berlin-Brandenburg einen Besuch abstatten, der rechts vom Fahrradweg mit 80 Bauten aus Berlin und Brandenburg vom Dom bis zur Spandauer Zitadelle im Kleinformat lockt (An der Wuhlheide 81 · (0 30) 36 44 60 19 · www.modellparkberlin.de · Apr.–Sep. tgl. 10–18, Okt. 10–17 Uhr).*

Am Wasserwerk Wuhlheide und Friedhöfen geht es dann rechts zur Straße An der Wuhlheide und ein kurzes Stück an dieser entlang. Dabei muss man aufpassen, dass man den Wegweiser nicht übersieht, der einen rechts (auf der linken Straßenseite) über die Wilhelm-Spindler-Brücke weist. Auf der anderen Flussseite setzt sich der Weg in Grünanlagen und auf dem Eiselenweg am Ufer der Spree fort. In **Köpenick** 2 *angekommen überquert man links die Lange Brücke – mit schönen Ausblicken auf die Wasserlandschaft am Zusammenfluss von Dahme und Spree, die Altstadt von Köpenick und das* **Schloss,** *das rechts auf der Schlossinsel grüßt.*

Köpenick

Als Berliner Bezirk mit dem größten Wasser- und Waldanteil bezaubert Köpenick nicht allein durch seine Lage. Einen Besuch lohnen auch das 120 Jahre alte **Rathaus,** das mit einer Ausstellung auf die Spuren von Gerhart Hauptmanns Romanfigur „Hauptmann von Köpenick" führt (Alt Köpenick 21 · Mo–Fr 9–19, Sa/So 9–17 Uhr), die neoromanische Laurentiuskirche und der liebenswerte alte Fischerkiez mit bis zu 200 Jahren alten Häusern und einigen netten Lokalen.

Hauptsehenswürdigkeit ist das stattliche **Schloss** auf der Schlossinsel, Berlins einziges erhaltenes Barockschloss. Bereits um das Jahr 1000 soll es hier eine Burg gegeben haben, zwischen 1677 und 1682 wurde das heutige Gebäude auf den Resten eines Renaissanceschlosses als Sommerresidenz für den späteren König Friedrich I. errichtet und überaus prachtvoll ausgestattet. Nachdem Friedrich Wilhelm I., Prinzessin Henriette Marie und der

Graf Schmettau hier mal mehr, mal weniger glückliche Jahre verbrachten, bietet es heute den passenden Rahmen für die Dependance des Berliner Kunstgewerbemuseums. Porzellan- und Glaskunst, Tapisserien, Wandschmuck und Möbel verschiedener Stilepochen werden sehr ansprechend präsentiert ((0 30) 2 66 42 42 42 · www.smb.museum/home · Apr.–Sep. Di–So 11–18, Okt.–März Do–So 11–17 Uhr). Sehenswert sind auch die von Johann Arnold Nering erbaute Schlosskapelle und der barocke Schlossgarten mit dem Schlosscafé am Wasser.

km

Von Köpenick nach Erkner

19,5–36 *Von der Langen Brücke geht es geradeaus weiter an der Müggelheimer Straße entlang. Zwischendurch wechselt der Radweg auf dem Müggelheimer Damm die Seite und mündet kurz nach der Salvador-Allende-Straße in den Strandschlossweg. Weiter führt der R1 durch Siedlungsgebiet auf der nach links abzweigenden Erwin-Bock-Straße und dem Müggelschlösschenweg zum malerischen Ufer der Müggelspree. Schließlich gelangt man zum Spreetunnel, durch den man* **Friedrichshagen** *erreichen könnte. Für die weitere Strecke lässt man ihn jedoch links liegen und radelt rechts unter hohen Bäumen am Ufer des* **Großen Müggelsees** *entlang.*

Mit Berlins größtem See, auch „Badewanne mit Waldrand" genannt, ist sicherlich der Höhepunkt der Tour erreicht. Am Wasser reihen sich einige Badestellen und Ausflugslokale aneinander, wobei sich der bequeme, asphaltierte R1 bald vom Uferweg entfernt und durch Waldlandschaft über Müggelhort und den Kleinen Müggelsee in Richtung **Dämeritzsee** *führt. Auf der Schönhorster Straße geht es durch die Waldlandschaft der Müggelspreeniederung und weiter auf der Russenbrücke über den Alten Spreearm sowie auf der Triglawbrücke über die Müggelspree nach* **Hessenwinkel.** *Hier folgt man den Wegweisern über die links abzweigende Kanalstraße, durchquert das Siedlungsgebiet mit opulenten Villengrundstücken, dem Dämeritz-Seehotel und dem kambodschanischen Restaurant Angkor Wat. Auf der Lindenstraße und der links abzweigenden Lutherstraße gelangt man zur Fürstenwalder Allee – später Berliner Straße –, die schließlich in den Kreisverkehr am Friedensplatz mündet. Links geht es auf der Bahnhofstraße zum S-Bahnhof, während die Tour rechts auf der Friedrichstraße weiterführt ins Zentrum von* **Erkner** ❸**.**

Erkner

An der schnurgerade durch das Städtchen führenden Straße blitzen zwischen Bauten aus jüngerer Zeit einige Gründerzeitvillen auf. Sie zeugen von Erkners Vergangenheit als beliebtem Ausflugsziel und Villenvorort. Besonders hübsch ist die liebevoll restaurierte Villa des Konzerflügelfabrikanten Carl Bechstein, die der Stadt heute als **Rathaus** dient. Dahinter zieht sich der frei zugängliche idyllische **Rathauspark** bis ans Ufer des Dämeritzsees.

Nach ca. 1,5 Kilometern erreicht man das Gerhart-Hauptmann-Museum in der **Villa Lassen,** *die auf der linken Straßenseite an der Ecke Gerhart-Hauptmann-Straße liegt.*

Refugium eines Nobelpreisträgers: Villa Lassen

Der Schriftsteller bewohnte die Villa von 1885 bis 1889. Die rekonstruierte Originaleinrichtung und eine Dauerausstellung mit Stücken aus dem Nachlass machen die Besucher mit Leben und Werk des Nobelpreisträgers vertraut, der sich von Erkner und seinen Menschen zu Stücken wie „Der Biberpelz“ inspirieren ließ. Mitunter finden im Museum auch Lesungen und Konzerte statt (Gerhart-Hauptmann-Straße 1–2 · (0 33 62) 36 63 · www.gerhart-hauptmann.de · Di–So 11–16 Uhr).

Von Erkner nach Neu Hartmannsdorf

km 36–51

Von der Villa Lassen folgt man nun der Gerhart-Hauptmann-Straße in Richtung Hohenbinde – ab hier ist die Strecke als Spreeradweg bzw. Müggel-Spree-Radweg nach Fürstenwalde gut ausgeschildert. An den letzten Siedlungshäusern vorbei geht es geradeaus durch Kiefernwald nach **Hohenbinde** *und* **Jägerbude** *mit einem Campingplatz. Danach überquert man die Spree und fährt an Sumpfwiesen und Weideland vorbei Richtung* **Burig.** *An der Weggabelung überquert man links die Autobahn Berliner Ring und gelangt durch hohen Kiefernwald bald nach* **Hartmannsdorf,** *einem gepflegten Straßendorf, das bis auf das 16. Jahrhundert zurückgeht. Man fährt weiter auf der Lindenallee, biegt am Wirts-*

Hessen-
winkel
Dämeritz-
see
Erkner
3
Friedrichstr.
Bechsteins
Gerhart-
Hauptmann-
Museum
Grünheide
Werlsee
Peetzsee
Fangschleuse
A 10
Fangschleuse
Han
Siedlung
Spreetal
Wulkower Weg
Mönchwinkel
Spree
Gosen
Hohenbinde
Jäger-
bude
Neu Zittau
Werns-
dorfer
See
Burig
Werns-
dorf
Störitz-
see
Spreewerder
Kirchhofen
Hoffnungskirche
Neu Hartmannsdorf
4
Lindenallee
Lindeneck
Hartmannsdorf
Oder-Spree-Kanal
N
1000 m

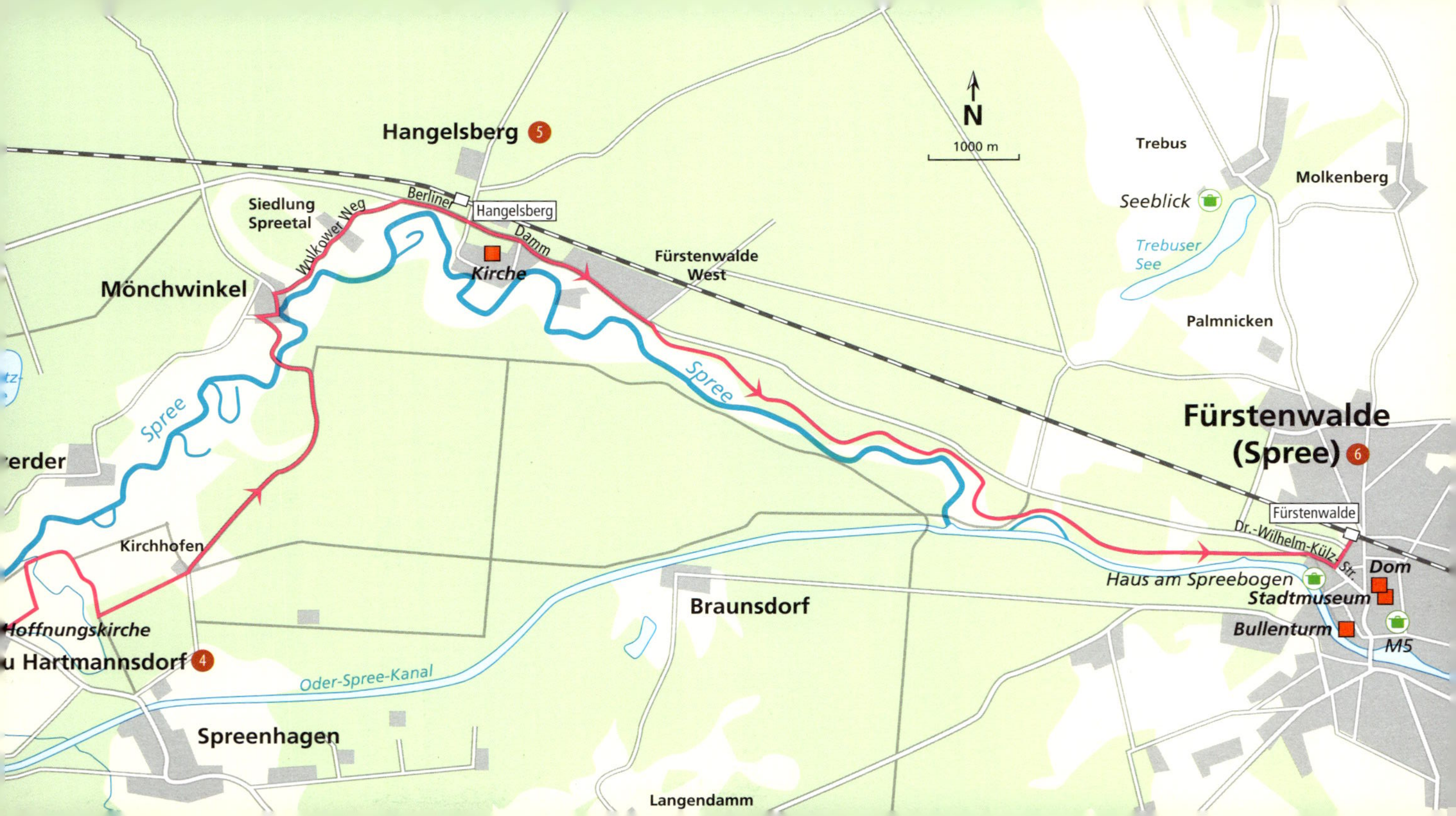
Hangelsberg 5
N
1000 m
Trebus
Molkenberg
Seeblick
Trebuser See
Palmnicken
Siedlung Spreetal
Berliner
Hangelsberg
Wulkower Weg
Damm
Fürstenwalde West
Kirche
Mönchwinkel
Spree
Spree
Fürstenwalde (Spree) 6
Fürstenwalde
Dr.-Wilhelm-Külz-Str.
Dom
Haus am Spreebogen
Stadtmuseum
Bullenturm
M5
erder
Kirchhofen
Braunsdorf
Hoffnungskirche
u Hartmannsdorf 4
Oder-Spree-Kanal
Spreenhagen
Langendamm

800 Kilo Wachs vergolden die Altarwand

haus Zum Lindeneck scharf links in die Schulstraße ein und folgt den Hinweisschildern in Richtung **Mönchwinkel.** *Wer will, kann sich unterwegs im urigen Café Holly's Galerie noch mit dem legendären Blechkuchen stärken. Nach ca. 1,5 Kilometern erreicht man den Ortsteil* **Neu Hartmannsdorf** 4, *wo man rechts in die Landstraße biegt. Dort steht auch die grün angestrichene* **Hoffnungskirche.**

Die Hoffnungskirche wird im Volksmund auch Honigkirche genannt, nachdem die Künstlerin Brigitte Trennhaus den Altar und die elf Meter hohe und zwölf Meter breite Altarwand mit rund 800 Kilogramm hellem Bienenwachs überzog. Bis zu 80 Schichten wurden dabei auf eine Holztafel aufgetragen. Der Altar ist in Form einer Bienenwabe gestaltet. Seitdem steigt den Besuchern ein intensiver Honigduft in die Nase. Wenn die Kirche geschlossen ist, kann man in den angegebenen Nachbarhäusern nach dem Schlüssel fragen.

km 51–64

Von Neu Hartmannsdorf nach Hangelsberg

Von der Hoffnungskirche fährt man ca. 100 Meter weiter auf der Landstraße, bis links die asphaltierte Fahrradstraße nach Fürstenwalde abzweigt. Diese besonders schöne Strecke führt durch idyllische Wald- und Wiesenlandschaft auf ca. 6 Kilometern über **Kirchhofen** *nach* **Mönchwinkel** *und nach weiteren 3 Kilometern nach* **Hangelsberg** 5. *Aus dem Wulkower Weg kommend biegt man rechts in den Berliner Damm und folgt dem Radweg durch das rund 6 Kilometer lange Dorf. Südlich davon liegt der älteste Teil von Hangelsberg, das bereits 1644 erstmals erwähnt wurde. Hier steht auch die denkmalgeschützte* **Kirche** *von 1928 im Stil der Neuen Sachlichkeit.*

Von Hangelsberg nach Fürstenwalde

km 64–73

Hinter Hangelsberg beginnt der schönste Abschnitt der Tour. Nachdem man den Ort auf der Landstraße durchquert hat, zweigt rechts eine Radstraße ab, die durch dichten Mischwald zu den **Spreeauen** *und immer an der träge fließenden Spree entlang führt. Unterwegs passiert man einige imposante Baumsolitäre und Holzskulpturen von Ulf Schüler, entstanden 2013 im Rahmen eines Künstlerpleinairs. In sanften Kurven windet sich der Weg Richtung Fürstenwalde, am Wegesrand Lichtungen und Rastplätze. Auf der Dr.-Wilhelm-Külz-Straße erreicht man schließlich das historische Zentrum von* **Fürstenwalde** 6. *Um es zu erkunden, hält man sich an der Ecke Bahnhofstraße rechts.*

Fürstenwalde

Obwohl die Lage am Wasser sehr reizvoll ist, sprüht das über 750 Jahre alte Fürstenwalde nicht gerade vor Charme. Das Zentrum lässt ein paar nette Cafés und Lokale vermissen. Es gibt dennoch einiges zu entdecken, was man dank der guten Beschilderung auch nicht verfehlen dürfte.

Bedeutendstes Bauwerk ist der **Dom St. Marien** mit seinem 68 Meter hohen Turm. 1446 errichtet, wurde er mehrfach zerstört und wieder aufgebaut. Der große, dreischiffige Innenraum kann heute für verschiedene Zwecke genutzt werden. Nicht weit vom Dom entfernt steht am Marktplatz das **Alte Rathaus** mit seinem prunkvollen Festsaal aus dem 15. Jahrhundert. Sein Turm wurde erst 1624 hinzugefügt. Weitere markante Bauwerke sind das Bürgerhaus zwischen Dom und Marktplatz, das heute das **Stadtmuseum** beherbergt (Domplatz 7 · (0 33 61) 21 30 · Apr.–Okt. Di–So 13–17, Nov.–März Di–So 13–16 Uhr), sowie das **Niederlagetor,** wo im Mittelalter die Waren der Kaufleute ausgebreitet, also „niedergelegt“ wurden, und der wuchtige **Bullenturm,** der Teil der Stadtmauer ist. Beide stehen am Goetheplatz.

Vom Stadtzentrum zum Bahnhof Fürstenwalde

km 73–74

Zurück an der Ecke Dr.-Wilhelm-Külz-Straße/Bahnhofstraße führt die Bahnhofstraße in nördlicher Richtung nach ca. 500 Metern zum Bahnhof. Bevor man in den Zug steigt, sollte man einen Blick auf das Bahnhofsgebäude werfen: 1842 in Betrieb genommen, gehört es zu den ältesten Deutschlands.

Fürstenwalde – Gusow

3 Von Schloss zu Schloss durchs Märkische Oderland

Start	Ziel	Länge	Fahrzeit
Bhf. Fürstenwalde	Bhf. Seelow-Gusow	55 km	ca. 4,5 Std.

Wo man es am wenigsten erwarten würde, in der einsamen Landschaft am Rand des Oderbruchs, haben gleich mehrere stolze Schlösser die letzten Jahrhunderte überdauert. Mal streng klassizistisch, mal neugotisch oder in verspieltem Neobarock: Die Herrenhäuser von Steinhöfel, Trebnitz, Wulkow, Neuhardenberg und Gusow sind sehenswerte Etappenziele auf dieser Tour durch den Landkreis Märkisch-Oderland. Mit kleinen Museen, Landschaftsgärten oder einigen guten Lokalen stehen sie im reizvollen Kontrast zu den Wiesen und Feldern am Rand des Oderbruchs.

Steinhöfel, eins der schönsten märkischen Schlösser, von einer Sphinx bewacht

Infos zur Tour

Anfahrt
Bahnhof Fürstenwalde (RE 1, alle 26–34 Min. bis Berlin Hbf., ca. 45 Min.)

Rückfahrt
Bahnhof Seelow-Gusow
(RB 26 alle 60 Min. bis Berlin-Lichtenberg, ca. 50 Min.)

Varianten
Die Tour lässt sich verkürzen, indem man in Müncheberg oder Obersdorf startet.

Kombinationsmöglichkeiten
Die Tour ist gut kombinierbar mit Tour 2 von Berlin (oder ab Erkner) bis Fürstenwalde und Tour 4 von Gusow nach Fürstenwalde (als Rundtour).

Streckenverlauf
Fürstenwalde – Steinhöfel – Hasenfelde – Heinersdorf – Behlendorf – Müncheberg – Obersdorf – Trebnitz – Wulkow – Neuhardenberg – Platkow – Gusow

Streckencharakteristik
Prächtige Herrenhäuser mitten im Grünen: Tour auf asphaltierten Radwegen, verkehrsarmen Landstraßen bzw. straßenbegleitenden Radwegen.

Schwierigkeit
Einfach

Beschilderung
Fürstenwalde bis Müncheberg
Oderbruchbahnradweg,
ab Müncheberg bis Bahnhof Gusow
Märkische Schlössertour

Information
Tourismusverband Seenland Oder-Spree
Ulmenstraße 15 · 15526 Bad Saarow ·
(03 36 31) 86 81 00 ·
www.seenland-oderspree.de

Ladestationen
Fürstenwalde
(▸ Tour 4, Seite 47)

Wulkow
Lade-Stele und Service-Station ·
Trebnitzer-Straße 4

Neuhardenberg
Neuhardenberg-Information ·
Karl-Marx-Allee 23 · (03 34 76) 6 04 77

Seelow
Wer die Tour 4 ab Gusow anschließen möchte, findet hier die nächsten Ladestationen.
Tourismus-Information Oderbruch und Lebuser Land, Mittelstraße 10
(▸ Tour 4, Seite 47)
Gedenkstätte Seelower Höhen
(▸ Tour 4, Seite 51)

Baden
Badestellen am Haussee bei Obersdorf, am Heinersdorfer See bei Behlendorf und am Baggersee bei Schloss Gusow

Gr. Klobigsee
Müncheshofe
Hintersee
Vorderer Haussee
Obersdorf
Trebnitz (Mark)
Trebnitz 4
Schloss & G. Seitz Museu
Dorfladen & Café
Obersdorf
Däbersee
Dahmsdorf
Müncheberg (Mark)
Jahnsfe
Schlagenthinsee
Müncheberg 3
B 1
Berliner Turm
St. Marien
Behlendorfer Wald
B 1 / B5
Jahnsfelder Str.
B 5
Behlendorf
Eggersdorf
Gutshof
Heinerssee
B 168
Heinersdorf
Tempelberg
Goisdorf
Hasenfelde
Buchholz
Steinhöfel 2
Kirche
Schloss
Molkenberg
Neuendorf im Sande
B 168
N
1000 m
Spaßbad Schwapp
Fürstenwalde/Spree 1
Wildheide
Fürstenwalde/Spree
Berkenbrück
Berkenbrück

Neuhardenberg 5
GutsBäckerei
Schinkelkirche
Karl-Marx-Allee
Schloss
Landgasthaus
Stafsee
Platkow
B 167
B 167
Wulkow
Wulkower
Forst
Schloss
Gusow 6
Schloss
Hermersdorf
Seelow-Gusow
Alt Rosenthal
Alt Rosenthal
Hintersee
Vorderer
Haussee
Trebnitz (Mark)
Trebnitz 4
Schloss &
G. Seitz Museum
Dorfladen & Café
Wermelinsee
Görlsdorf
Worin
Haussee
Diedersdorf
B 1
Jahnsfelde
3
B 1
Halbesee
Neuen-
tempel
Großer
See
Behlen-
dorfer
Wald
Küchen-
see
Marxdorf
Lietzen Nord
Jahnsfelder Str.
B 5
Krummer
See
Behlen-
dorf
Lietzen
Heinersdorfer
See
Gutshof
Mühlen-
see
Heinersdorf
Tempelberg
Burg-
see
Hasenfelde
Arensdorf
Falkenhagen
Schwarzer
See
Gabelsee
B 5
N
1000 m

Einkehren

Schloss Steinhöfel
Das noble Schloss mit schöner Parkterrasse lädt zu regionaler Küche und stilvollen Übernachtungen ein.
Schlossweg 4 · 15518 Steinhöfel · (03 36 36) 27 70 · www.schloss-steinhoefel.de · Restaurant Do–So 12–20 Uhr

Dorfladen & Café Schloss Trebnitz
Neben dem Schloss gibt es im Dorfladen allerlei regionale Produkte, Kaffee und Kuchen.
Platz der Jugend 6 · 15374 Trebnitz · (03 34 77) 5 19 50 · www.schloss-trebnitz.de · Mo–Fr 8–10 und 11.30–15.30, Sa 12–18, So 11–17 Uhr

Landgasthaus Brennerei · Neuhardenberg
Im Nebengebäude des Schlosskomplexes serviert man gekonnte Bistro-Küche sowie Kaffee und Kuchen.
Schinkelplatz · 15320 Neuhardenberg · (03 34 76) 60 00 · www.schlossneuhardenberg.de · Brennerei tgl. ab 12 Uhr

GutsBäckerei Neuhardenberg
Mit schöner Terrasse empfiehlt sich die Bäckerei für eine Pause mit Kaffee, Kuchen, Eis oder kleinen Speisen.
Karl-Marx-Allee 7 · 15320 Neuhardenberg · (03 34 76) 12 48 00 · Mo–Fr 7–18, Sa 7–16.30, So 13.30–16.30 Uhr

km 0–11 Von Fürstenwalde nach Steinhöfel

Am Bahnhof von Fürstenwalde **1** *fährt man links durch die Unterführung zur Ehrenfried-Joop-Straße und nach rechts auf dieser weiter bis zur Johann-Sebastian-Bach-Straße. In diese biegt man links ein und befindet sich nun auf dem* **Oderbruchbahnradweg (OBB),** *der durch Siedlungsgebiet und am* **Spaßbad Schwapp** *vorbeiführt und in die B 168 mündet. Hier geht es rechts ein kurzes Stück an der Bundesstraße entlang, aber gleich wieder links in die Buchholzer Chaussee, von der wiederum nach etwa 1,5 Kilometern rechts der Weg nach Steinhöfel abzweigt. An* **Neuendorf im Sande** *vorbei, das tatsächlich in einer Schwemmsandrinne liegt, die beim Abschmelzen der Gletscher in der letzten Eiszeit entstand, erreicht man bald* **Steinhöfel** **2** *und kann rechts auf der Straße der Freundschaft einen Abstecher zum Schloss machen.*

Schloss Steinhöfel

Vermutlich im 13. Jahrhundert als „Steinihobell“ gegründet, ist das heutige Steinhöfel ein einzigartiges klassizistisches Ensemble aus Schloss, Dorf und Parklandschaft. 400 Jahre lang war es im Besitz der Adelsfamilie von Wulffen, der heutige Bau entstand vermutlich um 1730. Nachdem er an Valentin von Massow überging, ließ dieser das Gelände um 1790 herum von Baumeister David Gilly und dessen Sohn in klassizistischem Stil umgestalten. Der ehemalige Barockbau wurde durch zwei Seitenflügel und ein neues Geschoss mit Walmdach ergänzt, dazu steuerte Johann August Eyserbeck einen englischen Landschaftsgarten bei. Schöne Blickfänge neben der von zwei Sphinxen flankierten Toreinfahrt sind der künstliche See, Wassergräben, die chinesische Brücke und die frühere Bibliothek in Gestalt eines antiken Tempels. Inzwischen fungiert das sorgfältig restaurierte Anwesen als elegantes Schlosshotel, das vor allem bei Hochzeitspaaren beliebt ist, aber mit seiner Gartenterrasse auch hungrigen Radfahrern offensteht.

Auf dem Rückweg sollte man noch einen Blick auf die hübsche **Feldsteinkirche** werfen, die bereits auf das 13. Jahrhundert zurückgeht und mit reicher Innenausstattung überrascht (Auskünfte und Schlüssel gibt es bei Brigitte Türk, Straße der Freundschaft 23, (03 36 36) 2 13 oder bei Ulrich Voigt, Straße der Freundschaft 10, (01 60) 5 24 97 30).

Von Steinhöfel nach Müncheberg

km 11–27

Zurück an der Abzweigung folgt man der Ausschilderung nach Müncheberg und erreicht nach ca. 4 Kilometern zunächst **Hasenfelde.** *Kurz vorm Ortseingang teilt sich der Oderbruchbahnradweg. Hier geht es links, durch Hasenfelde hindurch und auf dem OBB weiter (hier nicht dem Wegweiser Märkische Schlössertour folgen!) ganz gemütlich durch Felder und Wiesen nach* **Heinersdorf.** *Vorbei am Gasthaus Alte Schmiede radelt man über den Dorfanger und hinter der Kirche links auf einem schmalen Weg zwischen Gehöften und dem beschaulichen, von Schilf umstandenen Heinersdorfer See vorbei nach* **Behlendorf.** *Der winzige Ort überrascht mit einem denkmalgeschützten historischen* **Gutshof,** *der 1802 nach Plänen Karl Friedrich Schinkels ange-*

Unterwegs schweift der Blick in die Weite

legt wurde. Herrenhaus, Landarbeiterhäuschen und eine Brennerei verteilen sich im Kreis um einen kleinen Teich.

Hat man den Dorfkern durchquert, geht es weiter über die Jahnsfelder Straße hinweg in eine wunderschöne, kaum befahrene Eichenallee und schließlich auf einen geteerten Waldweg, der nach rund 6 Kilometern und unter der B 1 hindurch **Müncheberg** 3 *erreicht. Am Kreisverkehr angekommen, kann man auf der Ernst-Thälmann-Straße einen Abstecher ins Zentrum von Müncheberg machen.*

Müncheberg

Als „Tor zur Märkischen Schweiz" wirkt Müncheberg nur bedingt einladend. Man vermisst ansprechende Cafés oder Lokale. Immerhin gibt es innerhalb der Stadtmauer einige interessante historische Gebäude. Neben dem **Küstriner** und dem **Berliner Turm** von 1319 beeindruckt das **Rathaus** am Marktplatz. Besonderes Kuriosum ist die **Stadtpfarrkirche St. Marien:** Nachdem der gotische Backsteinbau im Zweiten Weltkrieg stark zerstört und in den 1990er-Jahren wiederaufgebaut wurde, wird sie heute durch einen avantgardistischen Einbau als Stadtbibliothek, Konzert-, Theatersaal sowie Ausstellungsraum genutzt – alles in gotischem Ambiente.

km 27–36 Vom Kreisverkehr Müncheberg nach Trebnitz

Zurück am Kreisverkehr biegt man aus dem Zentrum kommend links (von Behlendorf aus rechts) in die Seelower Straße ein und folgt ab hier den Wegweisern **Märkische Schlössertour.** *Gleich geht es noch einmal links in die Bergmannstraße, die an Feldern vorbei nach Obersdorf führt. Hat man am Ortseingang die Bahngleise überquert, fährt man am Denkmal und der großen Linde rechts und kurz darauf wieder rechts der Ausschilderung folgend über die Bahngleise und auf einer Baumallee nach* **Trebnitz** 4. *Hier lohnt ein Abstecher ins 300 Meter entfernte Zentrum mit dem* **Schloss,** *das rechts über den Mühlenweg zu erreichen ist.*

Trebnitz: Station auf der Schlössertour

Schloss Trebnitz

Das Schloss ist das Herzstück einer repräsentativen Gutsanlage mit Ehrenhof, Wohn- und Wirtschaftsgebäuden sowie einem 27 Hektar großen Schlosspark. Das vorbildlich sanierte, ursprünglich barocke, später klassizistisch überformte Herrenhaus gehörte 1707 Georg Friedrich von Ziethen und seit 1827 der Familie von Brünneck, die 1945 enteignet wurde. Heute dient es als Bildungs- und Begegnungsstätte vor allem dem Austausch mit dem Nachbarland Polen.

Besondere Perle ist das Inspektorenhaus mit dem **Gustav Seitz Museum.** Es zeigt in wechselnden Ausstellungen Skulpturen, Druckgrafik und Zeichnungen des 1906 in Mannheim geborenen und 1969 in Hamburg verstorbenen Bildhauers, der unter anderem Käthe Kollwitz, Bertolt Brecht, Thomas Mann und Pablo Picasso porträtiert hat ((03 34 77) 51 90 · www.gustav-seitz-museum.de · Mi–So 11–17 Uhr · Eintritt frei).

Skulptur von Gustav Seitz in Trebnitz

Von Trebnitz nach Neuhardenberg

km 36–45

Zurück an der Bahnhofstraße überquert man die Bahngleise und fährt immer geradeaus auf der von Eichen gesäumten Landstraße L36 (leider ohne Radweg, aber nicht stark befahren) an Feldern und kleinen Wäldchen vorbei nach **Wulkow.** *Der Ortsname Wulkow soll sich vom slawischen Wort für Wolf herleiten, doch Wölfe heulen hier nicht mehr. Stattdessen empfängt einen ein stattliches* **Schlossgebäude,** *das auf ein mittelalterliches Rittergut zurückgeht und zwischen 1900 und 1910 sein jetziges neobarockes Aussehen erhielt. Meist nehmen es Hochzeitspaare in Beschlag. Also folgt man auf der Hauptstraße dem leichten Linksbogen durch den Ort, bis am Ende rechts der bequeme, asphaltierte Radweg R1 abzweigt. Teils durch dichten Kiefern- und Mischwald, teils an Wiesen und Weiden vorbei, führt er nach etwa 3 Kilometern nach* **Neuhardenberg** 5**.** *Im Ort biegt man links auf die Karl-Marx-Allee und folgt ihr, bis man nach einem knappen Kilometer das Schloss erreicht.*

Dorf und Schloss Neuhardenberg

„Urbanität, Grazie und Lebensgefühl" sollten im Schloss Neuhardenberg einziehen, als Staatskanzler Karl August Fürst von Hardenberg 1814 den ehemals spätbarocken Landsitz übernahm. All dies verströmt das Ensemble auch heute. Den architektonischen Auftakt macht dabei die **Schinkelkirche,** die der Baumeister zwischen 1814 und 1817 vollendete. Im Inneren prunkt sie mit blauem Sternenhimmel (www.schinkel-kirche.de · Mai–Okt. Do–So, Nov.–Apr. Sa/So 12.30–15.30 Uhr).

Gleich dahinter liegt linker Hand das heute strahlend weiße Schloss. Unter dem Namen Quilitz wurde das Anwesen 1348 erstmals urkundlich erwähnt. Friedrich der Große hatte es 1759 dem Oberstleutnant von Prittwitz für seine Verdienste in der Schlacht von Kunersdorf geschenkt. 1811 erwarb der preußische Staat den Landsitz zurück und machte ihn 1814 dem Staatskanzler Karl August Fürst von Hardenberg zum Geschenk. Für ihn verwandelte Karl Friedrich Schinkel das Gebäude in ein elegantes klassizistisches Palais mit Kavaliershäusern, Orangerie und Wirtschaftsgebäuden.

Doch zum Gesamtkunstwerk wurde die Schlossanlage erst, als Peter Joseph Lenné unter Mitwirkung von Hermann Fürst von Pückler-Muskau den **Schlosspark** im Stil englischer Landschaftsgärten gestaltete. Sichtachsen verbinden Architektur und Natur, das Schloss spiegelt sich malerisch in einem kleinen See.

Ein Nachfahr des Staatskanzlers, Carl-Hans Graf von Hardenberg, war am Attentat auf Adolf Hitler 1944 beteiligt. Er wurde im KZ Sachsenhausen inhaftiert, wo er den Krieg überlebte. Die Familie war von den Nazis enteignet worden und die Bodenreform der DDR sah nichts anderes vor. So kehrten die Hardenbergs nicht zurück. Auch den preußisch klingenden Namen wollte man tilgen: Aus Neuhardenberg wurde zwischenzeitlich Marxwalde, die NVA richtete hier einen Flugplatz für die Regierungsstaffel ein.

Nach der Wende machte der Ostdeutsche Sparkassenverband aus dem Gebäudeensemble einen eleganten Hotelbetrieb, der mit anspruchsvollen Veranstaltungen und Ausstellungen an die einstige Rolle des Musenhofs anknüpft ((03 34 76) 60 00 · www.schlossneuhardenberg.de · Park ganzjährig geöffnet, Schlossbesichtigung Apr.–Okt. So 13–18 Uhr, Führungen 13, 14.30 und 16 Uhr).

Ein einzigartiger Musenhof: Schloss Neuhardenberg mit Landschaftsgarten

Von Neuhardenberg nach Gusow

km 45–55

Vom Schloss fährt man auf der Karl-Marx-Allee wieder zurück Richtung Osten und dann weiter auf dem straßenbegleitenden Radweg neben der Landstraße nach **Platkow.** *Hier folgt man der Dorfstraße, die in leichtem Bogen nach* **Gusow** 6 *führt. Dort zweigt an der Pestalozzistraße rechts der Fahrradweg ab. Kurz darauf wieder rechts gelangt man über die Breitscheidstraße zum* **Schloss Gusow.**

Das neogotische Gebäude aus dem 17. Jahrhundert, in dem der erste Teil von Fontanes Roman „Vor dem Sturm" spielt, hat schon bessere Zeiten gesehen. Heute ist es in Privatbesitz, ausgestellt wird allerhand Krimskrams und eine Zinnfigurensammlung (Schlossstraße 7 · (0 33 46) 87 25 · www.schloss-gusow.de · Apr.–Sep. Di–So 10–18 Uhr, Okt.–März Di–Fr 10–16, Sa/So 11–17 Uhr).

Immerhin lädt ganz in der Nähe ein kleiner Badesee zur Abkühlung ein, bevor man über die Breitscheidstraße, die rechts abzweigende Paul-Bethge-Straße und wieder links über die Schäferstraße den Bahnhof Seelow-Gusow erreicht.

Gusow – Fürstenwalde

4 Auf dem Bahnradweg durchs stille Oderbruch

Start	Ziel	Länge	Fahrzeit
Bhf. Seelow-Gusow	Bhf. Fürstenwalde	46 km	ca. 3,5 Std.

Hier scheint die Metropole Welten entfernt. Unaufgeregter als in der menschenleeren Oderbruchlandschaft nahe der polnischen Grenze geht es nicht. Dennoch gibt es rechts und links vom Radweg auf der früheren Bahntrasse geschichtsträchtige Orte zu entdecken. Die Gedenkstätte Seelower Höhen erinnert daran, dass in dieser stillen Landschaft einst eine der verlustreichsten Schlachten des Zweiten Weltkriegs tobte. Gleich daneben zeugt das Schweizerhaus Seelow, wo man sich einst dem Obstanbau widmete, von einem ganz anderen Geist. Die Komturei Lietzen entführt hingegen ins Mittelalter und auf die Spuren der Tempelritter.

Die Entdeckung der Einsamkeit: der Oderbruchbahnradweg zwischen Seelow und Falkenhagen

Infos zur Tour

Anfahrt
Bahnhof Seelow-Gusow, bis dahin mit RB 26 alle 60 Min. ab Berlin-Lichtenberg, ca. 50 Min.

Rückfahrt
Bahnhof Fürstenwalde, mit RE 1, alle 26–34 Min. bis Berlin Hbf., ca. 45 Min., letzte Fahrt 0.54 Uhr

Kombinationsmöglichkeiten
Die Tour ist gut kombinierbar mit Tour 3 von Gusow nach Fürstenwalde (als Rundtour) oder Tour 2 (Berlin über Erkner nach Fürstenwalde). Nicht weit ist es nach Bad Saarow, wo Tour 5 startet.

Streckenverlauf
Gusow – Seelow – Diedersdorf – Neuentempel – Lietzen Nord – Lietzen – Falkenhagen – Arensdorf – Steinhöfel – Neuendorf – Fürstenwalde

Streckencharakteristik
Landschaftlich reizvolle Tour auf gut ausgebauten, asphaltierten Radwegen, kurze Strecken an oder auf Landstraßen

Schwierigkeit
Einfach

Beschilderung
Oderbruchbahnradweg ab Ortsausgang Seelow

Information
Tourismusverband Seenland Oder-Spree
Ulmenstraße 15 · 15526 Bad Saarow · (03 36 31) 86 81 00 · www.seenland-oderspree.de

Fahrradverleih
Tourismus-Information Oderbruch und Lebuser Land
Mittelstraße 10 · 15306 Seelow · www.seelow.de · (0 33 46) 84 98 08 · www.oderbruch-tourismus.de
2 E-Bikes stehen zum Verleih

Ladestationen
Seelow
Tourismus-Information Oderbruch und Lebuser Land (siehe oben)
Gedenkstätte Seelower Höhen (▸ Seite 51)

Steinhöfel
Schlossremise Steinhöfel · Am Schlossweg 3 · (03 36 36) 29 99 20 · www.schlossremise-steinhoefel.de

Fürstenwalde
Touristinformation Fürstenwalde · Mühlenstraße 1 · (0 33 61) 76 06 00 · www.fuerstenwalde-tourismus.de · Mo–Fr 10–18, Sa 10–14 Uhr
Restaurant Seeblick · Parkstraße 10 (▸ Tour 2, Seite 26)
Café-Restaurant M5 · Mühlenstraße 5 (▸ Seite 26)
Haus am Spreebogen · Altstadt 27 (▸ Seite 26)

Baden
Spaßbad Schwapp
Große Freiheit 1 · 15517 Fürstenwalde · (0 33 61) 3 63 70 · www.schwapp.de · So–Do 10–20, Fr/Sa 10–22 Uhr · 16,50 € / 11 €

Müncheberg
N
1000 m
B 1 / B5
B 1
B 5
B 168
Behlen-
dorfer
Wald
Behlendorf
Heinersdorf
Eggersdorf
Goisdorf
Tempelberg
Hasenfelde
Buchholz
Steinhöfel 3
Kirche
Schloss
Molkenberg
Neuendorf
im Sande
Buchholzer
Chaussee
Seeblick
Spaßbad
Schwapp
Wildheide
Berkenbrück
Fürstenwalde/Spree
Fürstenwalde/Spree 4
A 12

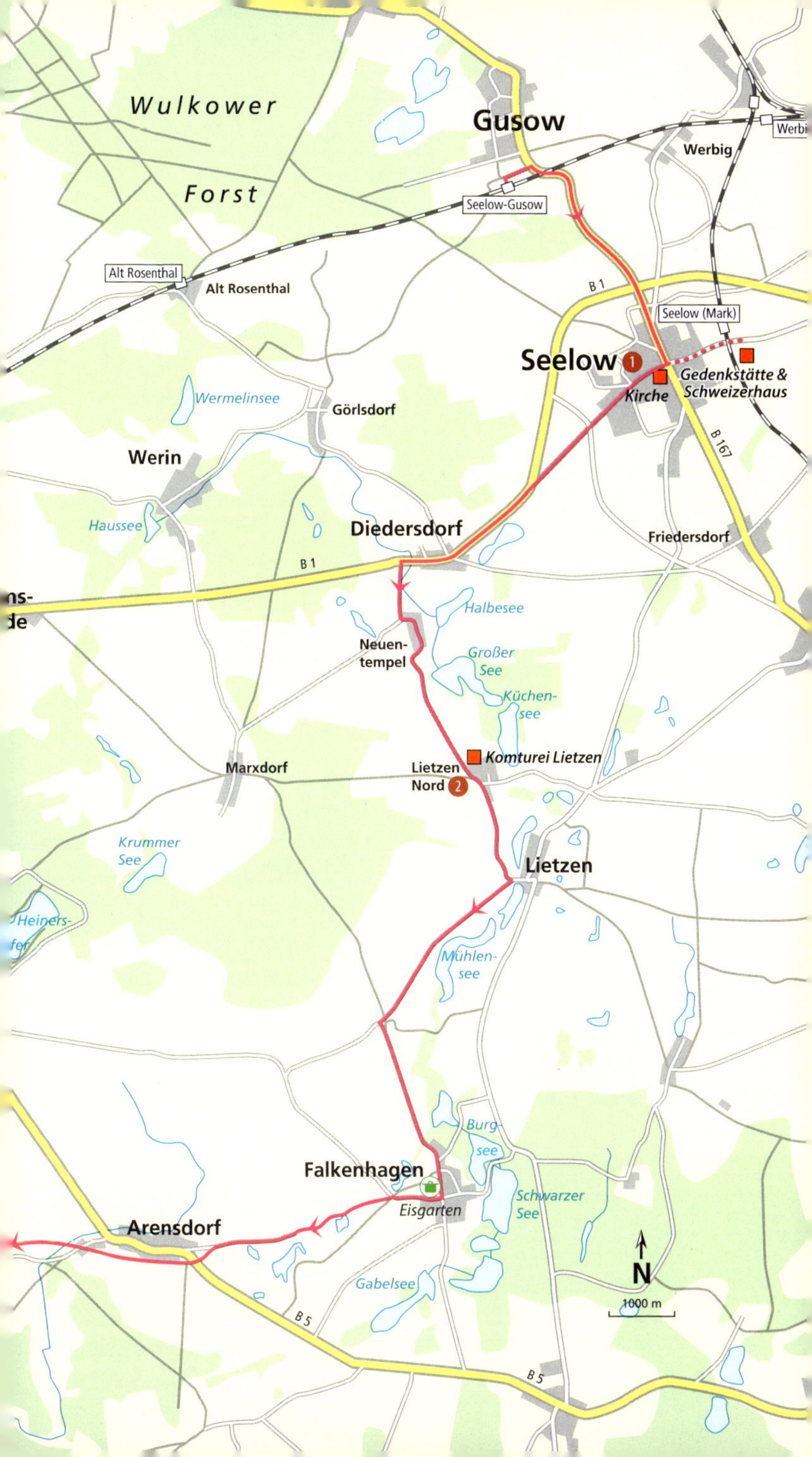

Wulkower
Forst
Gusow
Werbig
Seelow-Gusow
Alt Rosenthal
Alt Rosenthal
B 1
Seelow (Mark)
Seelow 1
Kirche
Gedenkstätte & Schweizerhaus
B 167
Wermelinsee
Görlsdorf
Werin
Haussee
Diedersdorf
Friedersdorf
B 1
Halbesee
Neuen-tempel
Großer See
Küchen-see
Komturei Lietzen
Marxdorf
Lietzen Nord 2
Krummer See
Lietzen
Mühlen-see
Burg-see
Falkenhagen
Eisgarten
Schwarzer See
Arensdorf
Gabelsee
B 5
B 5
N
1000 m

Einkehren

Da es unterwegs wenig Einkehrmöglichkeiten gibt, sollte man auf jeden Fall etwas Proviant dabei haben.

Eisgarten Buchholz
Tagsüber gibt es leckere Eisspezialitäten, Kaffee und Kuchen, ab 18 Uhr, sonntags auch schon früher warme Küche.
August-Bebel-Straße 15 · 15306 Falkenhagen · (03 36 03) 2 88 · Di–So 12–22 Uhr

Schloss Steinhöfel
Das noble Schloss mit schöner Parkterrasse lädt zu regionaler Küche und stilvollen Übernachtungen ein.
Schlossweg 4 · 15518 Steinhöfel · (03 36 36) 27 70 · www.schloss-steinhoefel.de · Restaurant Do–So 12–20 Uhr

Restaurant Seeblick · Fürstenwalde
Auf der Seeterrasse, aber auch am Kamin wird regionale Küche zu fairen Preisen serviert, von Fischsuppe über Wildspezialitäten bis hin zu vegetarischen Gemüsegerichten.
Parkstraße 10 · 15517 Fürstenwalde, OT Trebus · (0 33 61) 34 76 50 · www.restaurantseeblick.com · Di–Sa 11.30–21, So bis 19 Uhr

km 0–6

Von Gusow nach Seelow

Am Bahnhof von Gusow fährt man rechts über den Bahnübergang und auf dem straßenbegleitenden Radweg an der B 167 nach **Seelow** **1**. *Hier kann man im Zentrum einen Blick auf die* **Schinkelkirche** *am Puschkinplatz und das* **Rathaus** *mit seiner spätklassizistischen Fassade werfen. Die interessanteren, geschichtsträchtigen Sehenswürdigkeiten liegen jedoch etwas außerhalb kurz hinter der Bahnlinie und sind auf einem knapp 1 Kilometer langen Abstecher über die Küstriner Straße in östlicher Richtung zu erreichen.*

⇨ Abstecher zur Gedenkstätte Seelower Höhen und Mustergut Schweizerhaus

Ausgerechnet die beschauliche Oderbruchlandschaft war Schauplatz eines der schrecklichsten Kapitel der deutschen Geschichte: Auf den **Seelower Höhen** fand im Frühjahr 1945 die größte Schlacht des Zweiten Weltkriegs auf deutschem Boden statt. Bei der letzten sowjetischen Großoffensive, der „Berliner Operation“, mit der die Reichshauptstadt eingenommen und der Krieg beendet werden sollte, standen sich Hunderttausende Soldaten gegenüber. 33 000 Rotarmisten, 12 000 Wehrmachtsangehörige und 5 000 polnische

Soldaten kamen hier ums Leben. Daran erinnert die **Gedenkstätte Seelower Höhen** mit einem pathetischen **Mahnmal** des sowjetischen Bildhauers Lew Kerbel: ein Sowjetsoldat, der mit Maschinengewehr vor der Brust neben dem Wrack eines deutschen Panzers steht. Das **Museum** kam erst 1972 hinzu (Küstriner Straße 28a · (0 33 46) 5 97 · www.gedenkstaette-seelower-hoehen.de · Apr.–Okt. Di–So 10–17, Nov.–März Di–So 10–16 Uhr).

Ganz andere Eindrücke vermittelt das **Schweizerhaus Seelow.** Unmittelbar hinter der Gedenkstätte führt ein unscheinbarer Weg zu den Simonschen Anlagen, wo der jüdische Berliner Bankier, Kunstmäzen und spätere Finanzminister der Weimarer Republik Hugo Simon von 1919 bis zu seiner Flucht nach Brasilien ein einzigartiges Mustergut betrieb. Kurt Tucholsky, Thomas Mann und Albert Einstein waren hier zu Gast, bevor die Gutsanlage 1933 vom Preußischen Staat beschlagnahmt und zu DDR-Zeiten zum Volkseigenen Betrieb Gartenbau Seelow wurde. Nachdem die Erbengemeinschaft des früheren Besitzers das Gelände zurückbekam, erwarb es die Gemeinde Seelow. Inzwischen hat ein rühriger Heimatverein das Gelände mit Schweizer- und Goethehaus denkmalgerecht saniert und lädt zu Führungen ein. Im Sommer hat sonntags auch ein „Sammeltassen-Café" geöffnet (Am Schweizerhaus 1–5 · (0 33 46) 4 29 19 10 · www.heimatverein-seelow.de · Mo–Fr 9–14, Café Juli-Sep. So 14–17 Uhr).

Sowjetische Kriegsgräber: traurige Erinnerungen an den Zweiten Weltkrieg

km 6–15

Von Seelow nach Neuentempel

Vom Stadtzentrum von Seelow geht es in westlicher Richtung auf der Berliner Straße stadtauswärts durch ein Gewerbegebiet entlang der B 1 nach **Diedersdorf.** *Ab hier befindet man sich auf dem* **Oderbruchbahnradweg (OBB).** *Links passiert man ein restauriertes Schloss aus dem 18. Jahrhundert mit denkmalgeschützter Parkanlage, das heute ein Dienstleistungszentrum beherbergt. Kurz danach, am Ortsausgang, zweigt links der Radweg nach* **Neuentempel** *ab. Bereits nach wenigen Kilometern erreicht man den verträumten Ort mit Bauernhäusern und altem Baumbestand.*

Eingebettet in die leicht hügelige Seenlandschaft um das Platkower Mühlenfließ, wurde Neuentempel 1247 vom Templerorden gegründet. Anlaufpunkt nicht nur für Radler ist die **Fahrradkirche** aus massiven Feldsteinen – im Pfarrgarten dürfen Radler gegen geringe Gebühr campen sowie Bad und Küche nutzen.

Hinter Neuentempel beginnt einer der schönsten Abschnitte des Oderbruchbahnradwegs. Anders als im eigentlichen Oderbruch wird die Landschaft sogar hügelig und es reihen sich einige Seen aneinander, die vom Radweg aus schön anzusehen sind. So geht es durch das sanft gewellte Gelände nach **Lietzen Nord 2,** *wo man unbedingt der Komturei Lietzen einen kurzen Besuch abstatten sollte.*

Komturei Lietzen

1229 vom Templerorden gegründet, ist die Komturei Lietzen eine gepflegte Gutsanlage mit romanischer **Kirche** aus dem 13. Jahrhundert, einem Herrenhaus, einem Speicher und verschiedenen Wirtschaftsgebäuden. Eigentümer ist die gräfliche Familie von Hardenberg. 1814 hatte König Friedrich Wilhelm III. seinem Staatskanzler Karl August Fürst von Hardenberg den Besitz geschenkt. Nachdem sich einer der Nachkommen des Fürsten, Carl-Hans Graf von Hardenberg, 1944 am Attentat auf Adolf Hitler beteiligt hatte, wurde die Familie von den Nationalsozialisten enteignet. Im Zuge der Bodenreform nahm die DDR ihr abermals das Anwesen. Erst nach der Wende gelangte die Komturei wieder in den Besitz der Familie. Bei einem Besuch kann man den geschnitzten, bemalten **Kanzelaltar** der Kirche aus dem 18. Jahrhundert bewundern.

Die romanische Kirche in Lietzen wurde vom Templerorden errichtet

Von Lietzen Nord nach Steinhöfel

km 15–34

Durch Lietzen Nord und **Lietzen** *geht es weiter nach* **Falkenhagen.** *Im Ortszentrum biegt man an der Kreuzung August-Bebel-/Ernst-Thälmann-Straße rechts ab in Richtung* **Arensdorf.** *Links tauchen idyllische Seen auf, bevor der Radweg links abbiegt, die B5 kreuzt, und kurz darauf wieder rechts an dem Dorf mit stattlicher Feldsteinkirche entlangführt. Bei* **Hasenfelde** *fährt man nicht in den Ort hinein, sondern folgt geradeaus dem Oderbruchbahnradweg. Bald erreicht man den Ortseingang von* **Steinhöfel** 3**.** *Hier lohnt der etwa 1 Kilometer lange Abstecher auf der Straße der Freundschaft ins Ortszentrum zum sehenswerten Schloss* (▸ Tour 3, Seite 40).

Von Steinhöfel nach Fürstenwalde

km 34–46

Zurück an der Abzweigung ins Ortszentrum radelt man weiter auf dem Oderbruchbahnradweg durch Wiesen und Felder in Richtung Fürstenwalde. Bei **Neuendorf** *muss man links in die Buchholzer Straße bzw. Chaussee abbiegen und danach ein kurzes Stück nach rechts entlang der B 168 fahren, die hier Steinhöfeler Chaussee heißt. So erreicht man den Kreisverkehr am Ortseingang von* **Fürstenwalde** 4, *wo es links auf der Juri-Gagarin-Straße und der später rechts abzweigenden Ehrenfried-Jopp-Straße durch Wohngebiet direkt zum Bahnhof geht. Das Stadtzentrum von Fürstenwalde* (▸ Tour 2, Seite 35) *liegt auf der anderen Seite des Bahnhofs.*

5 Rundtour um den Scharmützelsee

Viel Zander und vielleicht ein Adler

Start	Ziel	Länge	Fahrzeit
Bhf. Bad Saarow	Bhf. Bad Saarow	36,5 km (44 km)	ca. 4 Std.

„Adler trifft Zander“ heißt diese Tour offiziell, die einen weiten Bogen um Brandenburgs größten See, den Scharmützelsee, schlägt und einen Abstecher nach Storkow und die Groß Schauener Seenkette einschließt. Adler wird man zwar unterwegs nur mit viel Glück sehen, dafür aber umso mehr Zander zu essen bekommen. Dazu lädt unter anderen die Fischerei Köllnitz ein, die zusammen mit der Heinz-Sielmann-Stiftung das Wasserschutzgebiet um Groß Schauen erhält. Reizvolle Badestellen liegen natürlich auch an der Strecke. Ausgangs- und Endpunkt ist der malerische Kurort Bad Saarow, wo rund um Therme und Kurpark alte Villen die Ufer säumen.

Schöner Blick auf Bad Saarow vom idyllischen Ufer des „Märkischen Meers“

Infos zur Tour

Anfahrt/Rückfahrt
Bahnhof Bad Saarow
(alle 30 Min. mit RE 1 von Berlin Hbf. nach Fürstenwalde, weiter mit RB 35 nach Bad Saarow, ca. 66 Min.)

Kombinationsmöglichkeiten
Die Tour lässt sich mit Tour 2 von Berlin nach Fürstenwalde (ca. 9 km von Bad Saarow entfernt) oder Tour 4 von Gusow nach Fürstenwalde kombinieren. Tour 3 startet in Fürstenwalde.

Streckenverlauf
Bad Saarow – Reichenwalde – Storkow (– Groß Schauen – Storkow) – Wendisch Rietz – Bad Saarow

Streckencharakteristik
Landschaftlich reizvolle Tour auf asphaltierten Rad- und befestigten Waldwegen sowie entlang ruhiger Landstraßen

Schwierigkeit
Einfach

Beschilderung
„Adler trifft Zander" und regionale Ausschilderung

Information
Tourismusverband Seenland Oder-Spree
Ulmenstraße 15 · 15526 Bad Saarow · (03 36 31) 86 81 00 · www.seenland-oderspree.de · Mo–Fr 9–17 Uhr

Tourismusverein Scharmützelsee e. V.
Haus des Gastes · Kleine Promenade 1 · 15864 Wendisch-Rietz · (03 36 79) 6 48 40 · www.scharmuetzelsee.de

Fahrradverleih
Tourismusverband Seenland Oder-Spree
Ulmenstraße 15 · 15526 Bad Saarow · (03 36 31) 86 81 00 · www.seenland-oderspree.de · Mo–Fr 9–17 Uhr

Home of Bikes
Golmer Straße 6B · 15526 Bad Saarow · (03 36 31) 5 88 00 · www.scheffler-bad-saarow.de · Mo–Fr 9–18, Sa/So/Fei 10–13 Uhr

Ladestationen
Bad Saarow
Parkcafé · Seestraße 22 (▸ Seite 58)
Biergarten am Scharmützelsee
Seestraße 40 · (03 36 31) 31 65

Storkow
Eiscafé Domichowski · Altstadt 7 · (03 36 78) 7 22 01
Burg Storkow · Schlossstraße 6 (▸ Seite 61)

Groß Schauen
Fischerei Köllnitz, im Hofladen (▸ Seite 58)

Baden
Badestellen am Scharmützelsee und Großen Storkower See

SaarowTherme
Thermalsolebad mit großzügigem Saunabereich.
Am Kurpark 1 · (03 36 31) 86 80 · www.saarowtherme.de · So–Do 9–21, Fr/Sa 9–23 Uhr · Eintritt Bad ab 15, Sauna ab 18 €

N
1000 m
Lebbin
Stahns-
dorfer
See
Rieplos
Lebbiner
See
Neu Boston
Binnendüne
Storkow 2
Großer
Philadelphia
Karlslust
Burg
Storkow
Wolfswinkel
Storkow
Storchen-
klause
Storkower
Groß
Schauen 3
Schloss
Hubertus-
höhe
Schaplow-
see
Fischerei Köllnitz
Hubertushöhe
Hubertus-
höhe
Großer
Schauener
See
Wochowsee
B 246
Alter
Wochow-
see
Truppen-
übungsplatz
Großer
Selchower
See
Bugk

Großer
olpiner
See
Bad Saarow 1
Bad Saarow
Parkcafé
As am See
Saarow-
Therme
Neu
Reichenwalde
Bad Saarow
Klinikum
Reichen-
walde
Pieskow
Scharmützel-
Bad
Saarow
Strand
Silberberg
Diensdorf
hms-
dorf
see
Radlow
Wendisch
Rietz 4
Glienicke
Wendisch
Rietz
B 246
Wendisch
Rietz-Siedlung
Großer
Glubigsee

Einkehren

As am See · Bad Saarow
Andreas Staack steht für eine feine, saisonale Bistroküche mit guten Weinen.
Seestraße 9 · 15526 Bad Saarow · (03 36 31) 59 92 44 · www.asamsee.de · Sommer Mi–So ab 12, Winter Mi–Fr ab 18, Sa/So ab 12–22 Uhr

Park-Café · Bad Saarow
Die schöne Villa am See mit angeschlossenem Theater ist der richtige Ort, um sich nach der Tour mit einem opulenten Menü zu belohnen.
Seestraße 22 · 15526 Bad Saarow · (03 36 31) 86 83 23 · www.restaurant-park-cafe.de · Di–So 12–22 Uhr

Storchenklause · Storkow (Mark)
Bodenständige märkische Küche, mit Biergarten. Auch Bett & Bike-Pension.
Rudolf-Breitscheid-Straße 7 · 15859 Storkow (Mark) · (03 36 78) 7 20 73 · www.storchenklause.de · tgl. 8–22, Fr/Sa bis 24, So bis 21 Uhr

Fischerei Köllnitz · Groß Schauen
Im rustikalen Restaurant mit Blick auf See und Fischteiche gibt es Zander, Aal, Wels oder Lachs in allen Variationen. Frischen oder geräucherten Fisch bietet auch der Hofladen an. Außerdem Hotel mit Sauna und Bootsverleih.
Groß Schauener Hauptstraße 31 · 15859 Groß Schauen · (03 36 78) 6 20 06 · www.koellnitz.de · Mo–Fr 12–19, Sa/So 12–20 Uhr

km 0–3,5 Vom Bahnhof Bad Saarow zum Seeufer

Vom Bahnhof **Bad Saarow** 1 *aus, der 1911 als repräsentatives Entree für den Kurort gestaltet wurde, quert man die Pieskower Straße, fährt ein kurzes Stück durch die Ulmenstraße vorbei am* **Maxim-Gorki-Haus,** *biegt links in die Straße Am Kurpark ab und gleich darauf wieder rechts in die Seestraße. Sie führt zwischen stattlichen Villen am See entlang und mündet später in die Silberberger Straße. (Die Ludwig-Lesser-Promenade direkt am Ufer mag reizvoller sein, aber sie sollte Fußgängern vorbehalten bleiben.)*

Bad Saarow

„Märkisches Meer“ nannte Theodor Fontane einst Brandenburgs größtes Gewässer. Und das kann man tatsächlich nachvollziehen, wenn man am Ufer des **Scharmützelsees** steht und der Wind das Wasser zu kleinen Wellen kräuselt. Kein Wunder, dass die Gegend beliebtes Ferien- und Erholungsgebiet ist! Hauptsächlicher Besuchermagnet ist Bad Saarow am Nordufer des Sees.

Sein Aufstieg zum mondänen Kurort begann vor rund hundert Jahren, als nach Plänen des Gartenarchitekten Ludwig Lesser eine Landhaussiedlung entstand. Zu einfachen Holzhäusern gesellten sich nach und nach elegante Villen, schöne Parkanlagen und Uferwege. Im Jahr 1911 eröffneten ein **Sanatorium** und eine **Seebadeanstalt,** durch die Bahnanbindung an Berlin entwickelte sich ein reger Kurbetrieb. So mancher Star der Stummfilmzeit verbrachte am idyllischen Seeufer unbeschwerte Tage, auch der Schriftsteller Maxim Gorki erholte sich hier 1922. Allerdings nicht im Maxim-Gorki-Haus in der Ulmenstraße, einer rustikalen Holzvilla im Blockhausstil, in der früher eine Maxim-Gorki-Gedenkstätte an ihn erinnerte und heute eine Ferienwohnung Gäste mit gehobenen Ansprüchen empfängt.

Nach dem Zweiten Weltkrieg besetzte die Rote Armee das Gelände um Bad Saarow und sperrte den Kurpark hermetisch ab. Erst nach Abzug der Sowjetarmee 1994 konnte der Kurort mit der **SaarowTherme** als staatlich anerkanntes Sole- und Moorheilbad an alte Zeiten anknüpfen. Und so umweht den Ort nach einem halben Jahrhundert Unterbrechung auch heute wieder ein gewisses mondänes Flair. Neben der kleinen Marina schaukeln allerlei Boote und Ausflugsdampfer auf dem Wasser, außerdem verlocken mehrere Wellnesshotels, Golfplätze, eine Jachtakademie und das Theater am See zum längeren Aufenthalt.

In der Blockhausvilla gedachte man einst des berühmten Kurgasts Maxim Gorki

Anders als Bad Saarow ist Storkow historisch gewachsen

km 3,5–12

Von Bad Saarow nach Storkow

Am Ortsausgang gelangt man zu einem Kreisverkehr, an dem rechts die Alte Reichenwalder Straße abzweigt. Durch Kiefernwald erreicht man nach rund 2 Kilometern **Reichenwalde** *mit seiner hübschen Feldsteinkirche aus dem 13. Jahrhundert und dem Wehrturm im Fachwerkstil. Im Kircheninneren verbirgt sich eine seltene Grüneberg-Orgel.*

Von hier fährt man geradeaus durch den Ort und weiter auf der Storkower Straße in Richtung Storkow. Auf halber Strecke, unweit von der Stelle, an der links der Fahrradweg nach Wendisch Rietz abzweigt (in den man im späteren Verlauf der Tour einbiegt!), versteckt sich rechts von der Landstraße kaum sichtbar ein Naturphänomen in den Waltersbergen: die 36 Meter hohe **Binnendüne.** *Schilder weisen den Weg, der über Treppen auf den von Steppengräsern und Kiefern bewachsenen Sandberg führt. Er soll während der Weichseleiszeit vor 8000 bis 10000 Jahren entstanden sein, die Kernzone des Dünengebiets steht heute unter Naturschutz. In dem besonderen Biotop leben viele geschützte Insektenarten.*

Ansonsten geht es weiter am **Großen Storkower See** *mit Strandbad entlang nach* **Storkow** **2.** *An der großen Kreuzung am Ortseingang angekommen, überquert man die Burgstraße und radelt auf der anderen Seite links auf der Heinrich-Heine-Straße zum Marktplatz.*

Storkow

Storkow ist von reichlich Wasser, Bade- und Angelstellen umgeben und der Große Storkower See ist über den Storkower Kanal samt Schleusen- und Klappbrückenanlage mit einer ganzen Kette von Seen verbunden. Dennoch hat der Ort nicht den Charakter eines typischen Erholungsorts wie Bad Saarow. Vielmehr präsentiert sich hier ein historisch gewachsenes Städtchen, in dem sich einst Färber, Weber und Flößer ansiedelten. Herzstück ist der denkmalgeschützte, langgestreckte **Marktplatz,** wo übrigens ein sympathischer Welt-Laden inmitten von Büchern, Kunsthandwerk und anderen Waren frischen Kaffee ausschenkt (Markt 33 · wochentags 9–18 Uhr). Schön anzusehen sind auch einige Traufhäuser aus dem 18. Jahrhundert und die im 15. Jahrhundert errichtete **Backsteinkirche.** Hauptattraktion ist allerdings die restaurierte 800 Jahre alte **Burg,** die heute Kulturzentrum, Bibliothek und Touristeninformation in einem ist. Im Rittersaal führt die Ausstellung „Mensch und Natur – eine Zeitreise" durch die Geschichte der Region, es werden auch originelle Führungen angeboten. Außerdem lädt das Burgstübchen täglich außer Montag zur Stärkung ein (Schlossstraße 6 · (03 36 78) 7 31 08 · www.storkow.de · Apr.–Okt. tgl. 10–17, sonst 11–16 Uhr).

Das bombastische **Schloss Hubertushöhe** drei Kilometer südlich vom Zentrum, harrt indessen noch immer seiner künftigen Bestimmung als Kunst- und Literaturort und ist für Besucher nur selten zugänglich.

Abstecher nach Groß Schauen ⇦

Vom Marktplatz aus folgt man der Rudolf-Breitscheid-Straße, biegt dann rechts in die Ernst-Thälmann-Straße ein und radelt am Bahnhof vorbei der B 246 folgend nach **Groß Schauen** 3 *und auf der Groß Schauener Hauptstraße noch etwas weiter, bis bald linker Hand der* **Fischereibetrieb Köllnitz** *am* **Groß Schauener See** *auftaucht.*

Die **Seenkette** um Groß Schauen ist ein besonders schönes und schützenswertes Gebiet innerhalb des Naturparks Dahme-Heideseen. Sie ist Lebensraum vieler vom Aussterben bedrohter Tier- und Pflanzenarten wie Orchideen, Fisch- und Seeadler, Fischotter, Rohrdommeln und Trauerseeschwalben. Für deren Schutz engagiert sich seit 2002 die **Heinz-Sielmann-Stiftung,** die dazu etwa

Fischotter gehören zu den bedrohten Arten

1 000 Hektar Wasserflächen erworben hat. Gemeinsam mit der Fischerei Köllnitz wird versucht, die extensive Fischerei zu erhalten und Besuchern den Naturraum näherzubringen. Neben dem Besucherzentrum führt ein 1,5 Kilometer langer **Naturlehrpfad** an zehn Infotafeln entlang zum **Aussichtsturm Selchow** am **Großen Wochowsee** mit tollem Panorama auf das rund 2 000 Hektar große Schutzgebiet. Mit etwas Glück bekommt man hier auch die versprochenen Seeadler oder wenigstens Wildgänse zu sehen (Hauptstraße 31 · bei der Fischerei Köllnitz · www.sielmann-stiftung.de · tgl. 9–17 Uhr). Von Groß Schauen radelt man auf demselben Weg zurück nach Storkow.

km 12–22 Von Groß Schauen nach Wendisch Rietz

Zurück in Storkow biegt man von der Ernst-Thälmann-Straße nicht Richtung Markt ab, sondern erst etwa 300 Meter weiter links in die Burgstraße. Man fährt an der Burg vorbei und östlich am Ort entlang, bevor rechts die Straße nach Reichenwalde abzweigt. Nach ca. 2,5 Kilometern folgt man wiederum rechts den Wegweisern nach **Wolfswinkel** *und Wendisch Rietz. Zwischen Feriensiedlungen und schöner Waldlandschaft geht es in Richtung* **Dahmsdorf** *mit hübschem Dorfanger und einer der ältesten, um 1241 errichteten Feldsteinkirchen Brandenburgs. Innen haben sich ein Reliquienschrein und Malereien erhalten, die sogar aus vorreformatorischer Zeit stammen sollen. Daran vorbei führt der Radweg weiter am Südzipfel des Storkower Sees entlang nach* **Wendisch Rietz** 4 *und auf der Hauptstraße durch den Ort.*

Wendisch Rietz

Ruhiger und bescheidener als Bad Saarow wirkt das sehr viel ältere Wendisch Rietz am Südufer des Scharmützelsees, das mit Strandbädern und einer kleinen Marina ebenfalls als Erholungsort beliebt ist. Es wurde bereits im Mittelalter urkundlich erwähnt und entstand offensichtlich nur als Vorwerk von Dahmsdorf – der Name Rietz bedeutet soviel wie „Graben“ oder „Fließ“. Später wurden hier zwei Wassermühlen errichtet, von denen eine, um 1533 erbaut, bis heute erhalten blieb. Sehenswert ist aber vor allem die 1865 errichtete **Schleusenanlage** im Rietzer Kanal, die die Verbindung mit dem Storkower See herstellte, sodass von hier früher auch Ziegel und Braunkohle nach Berlin verschifft werden konnten.

Von Wendisch Rietz nach Bad Saarow

km 22–36,5

Vorbei an der Touristinformation radelt man parallel zum Seeufer in Richtung Bahnhof. An der großen Kreuzung biegt man links in die Beeskower Chaussee ein. Dann fährt man auf dem straßenbegleitenden Radweg am Bahnhof vorbei und der Ausschilderung nach Bad Saarow folgend um die Südspitze des Scharmützelsees herum, bis links von der Landstraße wieder ein Fahrradweg abzweigt. Mal asphaltiert, mal als befestigter Waldweg führt er zwischen Seegrundstücken, Wiesen- und Waldlandschaft mal näher, mal weiter vom Ufer entfernt nach Radlow. Von dort aus erreicht man über den Schul- und den Wiesenweg und schließlich auf der Hauptstraße hinter einer hübschen Badestelle mit Spielplatz und der Jugendherberge wieder das Zentrum von Bad Saarow.

Die Seenkette um Groß Schauen ist ein besonders schützenswerter Naturraum

Rundtour durchs Lausitzer Seenland

6 Seeluft schnuppern, wo Braunkohle gefördert wurde

Start	Ziel	Länge	Fahrzeit
Bhf. Großräschen	Bhf. Großräschen	50 km	ca. 4 Std.

Weite Strände, feiner heller Sand, hier und da schaukeln Boote auf dem Wasser: An manchen Stellen sieht es aus wie an der Ostsee. Dabei breitete sich hier vor einigen Jahren noch eine Mondlandschaft mit tiefen Kratern und Furchen aus. Dann wurden die Halden geflutet, um das Gebiet in die größte zusammenhängende Seenlandschaft Europas zu verwandeln. Die radikale Verwandlung der Landschaft lässt sich auf dieser Fahrradroute, die offiziell „Bergmann trifft Seemann" heißt, hautnah miterleben, denn unterwegs kann man in Welzow auch einen Blick auf ein vom aktiven Braunkohle-Tagebau verwüstetes Gelände werfen.

An den gefluteten Seen legen Radler gern eine Pause ein

Infos zur Tour

Anfahrt/Rückfahrt

Bahnhof Großräschen (stdl. ab Ostkreuz mit RB 24, ca. 1,5 Std.)

Streckenverlauf

Großräschen – Dörrwalde – Allmosen – Bahnsdorf – Lindenfeld – Welzow – Lieske – Kleinkoschen – Senftenberg – Sedlitz – Großräschen

Streckencharakteristik

Landschaftlich sehr interessante und schöne Tour auf meist asphaltierten Radwegen. Kurze Abschnitte auf Nebenstraßen oder festen, geschotterten Wegen.

Schwierigkeit

Einfach

Beschilderung

„Bergmann trifft Seemann", lokale Ausschilderung

Information

Tourist-Information Lausitzer Seenland e. V.

Hier werden Touren in den Tagebau und archäologische Wanderungen angeboten. Auf der Website findet man unter der Rubrik „Thematische Tagestouren" auch Informationen zur Rundtour „Bergmann trift Seemann".
Markt 1 · Senftenberg ·
(0 35 73) 1 49 90 10 ·
www.lausitzerseenland.de

Fahrradverleih

iba-aktiv-tours

Auch mit Anlieferung und Abholung.
Auf den IBA-Terrassen ·
Seestraße 100b · Großräschen ·
(03 57 53) 69 02 49 · www.iba-tours.de ·
März–Okt. Mi-So 10–18 Uhr

Ladestationen

IBA-Terrassen, Großräschen

Welzow

In der Nähe des Besucherzentrums excursio, Brandenburger/Ecke Poststraße.

Baden

Bevor man in die neu entstandenen Seen springen kann, muss man sich vorerst noch mit einigen Badestellen am Senftenberger See begnügen.

Bootsverleih

Hafencamp Senftenberger See

Im Familienpark am Seestrand von Senftenberg gibt es alles rund ums Wasser: Kajaks, Segel-, Tret- und Ruderboote (Verleih: www.expeditours.de), dazu eine Segelschule, Campinghütten und Hafenlodges zum Übernachten.
Straße zur Südsee 2 · OT Großkoschen ·
(0 35 73) 80 01 00 ·
www.senftenberger-see.de ·
Apr.–Okt. 10–19, Juni–Aug. 9–19 Uhr

Einkehren

Restaurant & Eiscafé Pier 1 · Senftenberg
Direkt an der Strandpromenade des Senftenberger Sees versorgt einen das Lokal mit Eis, einfachem Mittagstisch oder opulenten Menüs zu fairen Preisen.
Am Stadthafen 1 · 01968 Senftenberg · (0 35 73) 81 06 30 · www.piereins.com · Bistro Mo–Fr 8–14 Uhr, Restaurant Mi–Fr 11–21, Sa 11.30–21, So/Fei 11.30–18 Uhr

Kaffeerösterei und Café · Senftenberg
Unter dem 400 Jahre alten Gewölbe des denkmalgeschützten Hauses bietet ein Café mit Schaurösterei jede Menge Kaffeespezialitäten an.
Markt 15 · 01968 Senftenberg · (0 35 73) 8 09 90 34 · www.markt15-senftenberg.de · Di/Do 9.30–17.30, Sa 9.30–13 Uhr

Bistro an den IBA Terrassen · Großräschen
Kaffee, Kuchen, Snacks und mehr mit Blick auf den gefluteten Ilsesee.
Seestraße 100 · 01983 Großräschen · (03 57 53) 2 61 11 · www.iba-terrassen.de · Sommer Mi–So 10–18 Uhr, Winter auf Anfrage

km 0–14 Vom Bahnhof Großräschen nach Welzow

Startpunkt der Tour, die offiziell „Bergmann trifft Seemann“ heißt, ist der Bahnhof von **Großräschen** ❶. *Am Ausgang folgt man links zunächst ein kleines Stück der Bahnhofstraße, fährt dann bei nächster Gelegenheit wieder links auf der Rudolf-Breitscheid-Straße durch die Unterführung und gelangt so auf die andere Seite der Bahngleise. Weiter geht es auf der Käthe-Kollwitz-Straße bzw. später Friedensstraße in Richtung* **Dörrwalde.** *Hat man das Siedlungsgebiet verlassen, schweift der Blick über weite Kornfelder, bevor man in dem aufgeräumten Dorf ankommt. Hier folgt man den Wegweisern zum* **Sedlitzer See,** *die einen am Ortsausgang schräg rechts schnurgerade durch Kiefernwald und dann um den Ort* **Allmosen** *herum über den Leeskower Weg und die Straße Ausbau nach* **Bahnsdorf** *führen.*

Von hier geht es nach Überquerung der Bahnlinie weiter nach **Lindenfeld** *und in nördlichem Bogen um einen* **Flugplatz** *herum nach* **Welzow** ❷. *Man radelt auf der Berliner Straße am westlichen Ortsrand bis zum Kreisverkehr mit dem Knotenpunkt 1. Hier setzt sich die Tour rechts fort. Doch zunächst bietet sich ein Abstecher in den Ort an.*

Welzow

Neben dem **Archäotechnischen Zentrum,** das zu einer Zeitreise in frühere Jahrhunderte bzw. Jahrtausende einlädt (Fabrikstraße 2 · www.atz-welzow.de · Nov.–März Di–Fr 11–16, Apr.–Okt. Di–So 11–17 Uhr), gibt es im ehemaligen Bahnhof der Stadt (mit Ladestation!) das Besucherzentrum **excursio,** das eine Ausstellung und einen Film zur Industriegeschichte zeigt. Außerdem werden hier Führungen in die Region angeboten (Heinrich-Heine-Straße 2 · www.bergbautourismus.de · Di–So 10–17, Nov.–März Di–Fr 10–15 Uhr).

Unbedingt zu empfehlen ist aber vor allem der ausgeschilderte, ca. 1 Kilometer lange Abstecher über die Eintrachtallee zum beeindruckenden Aussichtspunkt **Welzower Fenster.** Auf dem Weg dorthin ist es noch recht idyllisch und grün, doch oben angekommen – mit Picknickplatz und Schautafeln – blickt man in eine endlose Mondlandschaft. Bis zum Horizont zeichnen sich die tiefen Gruben ab, die die Landschaft durchfurchen. Welzow Süd ist das Tor zum größten aktiven Braukohletagebau. 1966 wurde hier erstmals Kohle gefördert. Heute versorgt der 30 Quadratkilometer große Tagebau die Lausitzer Braunkohlekraftwerke Schwarze Pumpe, Jänschwalde und Boxberg. Jährlich werden hier 20 Mio. Tonnen gefördert, gleichzeitig erfolgt bereits auf 27 Quadratkilometern eine Rekultivierung der Landschaft mit Laub- und Nadelbäumen.

Vom Welzower Fenster schweift der Blick über die zerfurchte Tagebaulandschaft

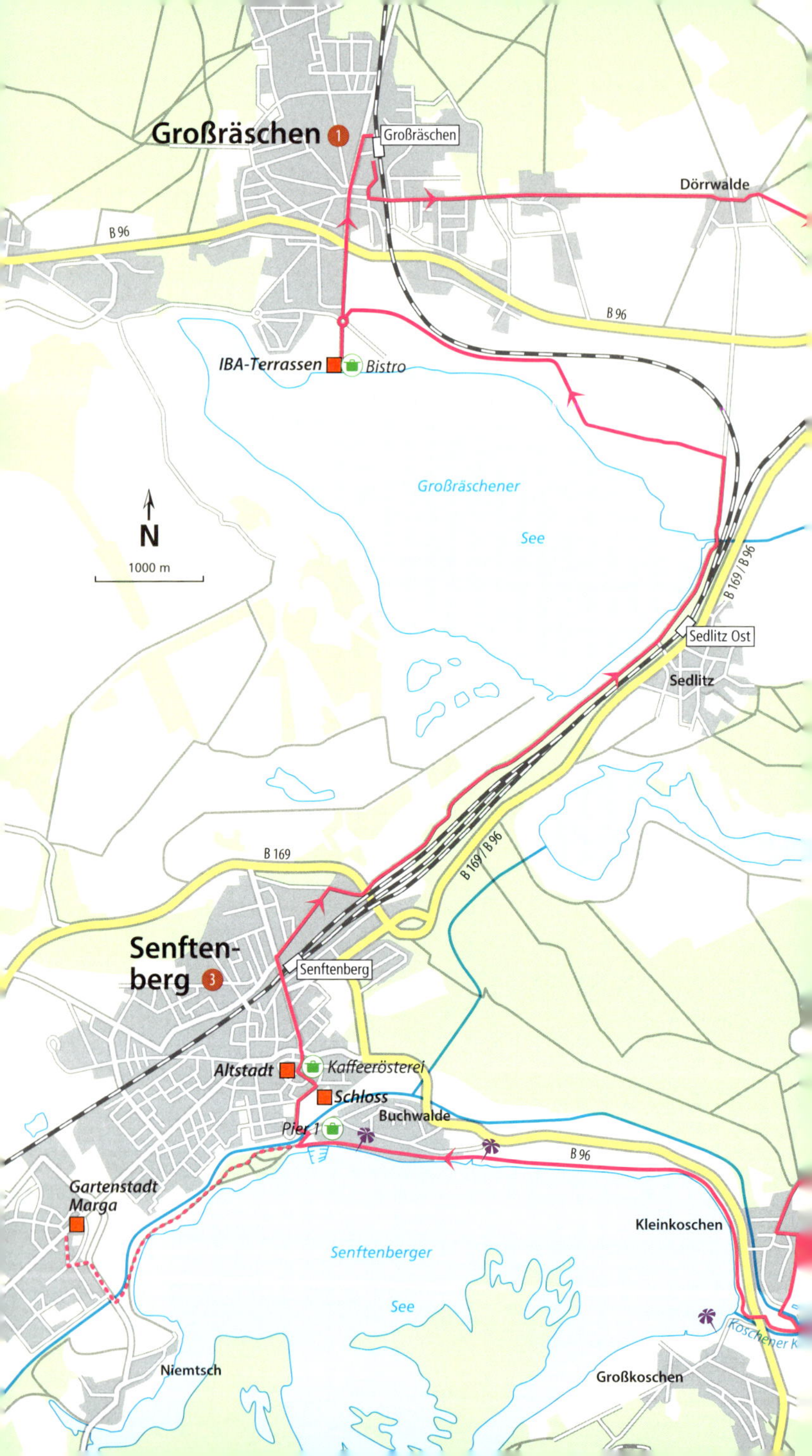

Großräschen
1
Großräschen
Dörrwalde
B 96
B 96
IBA-Terrassen
Bistro
Großräschener
See
N
1000 m
B 169 / B 96
Sedlitz Ost
Sedlitz
B 169
B 169 / B 96
Senften-
berg
3
Senftenberg
Altstadt
Kaffeerösterei
Schloss
Buchwalde
Pier 1
B 96
Gartenstadt
Marga
Kleinkoschen
Senftenberger
See
Koschener K
Niemtsch
Großkoschen

Neupetershagen
Tagebau
B 169
Welzow
2
Welzower Fenster
excursio
Archäotechn. Zentrum
Bahnsdorf
Allmosen
Bahnsdorf
Lindenfeld
B 169
B 156
Lieske
Proschim
Sedlitzer
See
B 156
Rosendorfer Kanal
Partwitzer
See
Blunoer Südsee
Sornoer Kanal
Rostiger Nagel
Klein Partwitz
Geierswalder
See
Geierswalde
Neuwieser
See

Seen und Strände, wohin man sieht, aber nicht überall kann man baden.

km 14–36

Von Welzow nach Senftenberg

Zurück am Knotenpunkt 1 in Welzow radelt man weiter nach **Lieske,** *wo endlich wieder Wasser in Sicht ist: der* **Sedlitzer See.**

Seit 2005 wird er geflutet, 2023 soll der Prozess abgeschlossen sein. Dann wird er der größte und zugleich zentrale See im schiffbaren Seenverbund sein und durch drei Kanäle mit den übrigen Gewässern verbunden. Ein Wohnmobilparkplatz ist bereits entstanden, geplant sind außerdem eine Schiffsanlegestelle und ein Badestrand. Noch sind die bepflanzten Ufer nicht so stabil, dass man sie betreten dürfte. Aber es lässt sich schon erahnen, dass hier irgendwann reges Strandleben herrscht.

Der Radweg biegt am Ufer von Lieske nach links ab und verläuft nun zwischen mehreren Seen hindurch fast immer auf einem bequemen, asphaltierten Fahrradweg. Zunächst radelt man am Ufer des Sedlitzer Sees entlang über den **Rosendorfer Kanal,** *bald darauf überquert man den* **Sornoer Kanal.** *Weiter auf dem Weg nach Kleinkoschen gelangt man zum sogenannten* **Rostigen Nagel:** *Der*

30 Meter hohe Aussichtsturm aus verrostetem Stahl soll an die Industriegeschichte erinnern und bietet einen fantastischen Ausblick auf vier Seen. Auf dem meist von viel Grün gesäumten Weg geht es nun nach **Kleinkoschen,** *wobei man zwischendurch im spitzen Winkel von der Alten Scadower Straße abbiegen muss. Bald darauf erreicht man den 1000 Meter langen* **Koschener Kanal,** *der heute den Geierswalder und den Senftenberger See verbindet. Für seinen Bau mussten rund 350000 Kubikmeter Erde bewegt sowie zwei Kanaltunnel unter dem Fluss Schwarze Elster und der Bundesstraße hindurch gegraben werden, außerdem wurde eine Schleuse gebaut.*

Hier macht die Radstrecke eine Kehrtwendung, man lässt Großkoschen links liegen, folgt den Wegweisern nach Senftenberg und ist sogleich am **Senftenberger See.**

Dieser hat sich im Lauf der letzten 40 Jahre bereits als beliebtes Naherholungsgebiet etabliert. Tatsächlich kommt an den 6 Kilometer langen Stränden ein bisschen Ostseefeeling auf. Auf dem Wasser tummeln sich Stand-up-Paddler, Surfer, Segel- und Motorboote, am Ufer Badegäste und Beachvolleyballer. Wer mag, kann hier auch selbst ins kühle Nass springen.

Auf dem Marktplatz in Senftenberg

Ansonsten geht es am Ufer entlang entgegen dem Uhrzeigersinn nach **Senftenberg 3.** *Am Stadthafen biegt man kurz hinter dem Lokal Pier 1 rechts ins Zentrum ab.*

Senftenberg

Nachdem 1860 am Senftenberger See das „braune Gold“ gefunden wurde, stand die Stadt ganz im Zeichen des Braunkohletagebaus. Heute ist sie Synonym für einen nachindustriellen Strukturwandel hin zu einem attraktiven Naherholungsgebiet. Neben Wassersport, Stränden und einem Ferienpark mit Campingplatz locken der Eurospeedway Lausitz oder das Skisportzentrum Snowtropolis. An lauen Sommerabenden unterhält sogar ein Amphitheater seine Besucher mit gutem Schauspiel und Konzerten.

Auf dem Weg in die Innenstadt liegt rechts das **Renaissanceschloss** aus dem 16. Jahrhundert, Relikt einer mittelalterlichen Festungsanlage. Mit seiner hellen, freundlichen Fassade erhebt sich das stattliche Gebäude inmitten einer schönen Parkanlage. Im Inneren sind das **Kreismuseum** und die **Galerie am Schloss** untergekommen, die Kunstwerke aus Dorfkirchen zeigt, die dem Braunkohletagebau zum Opfer fielen. Daneben besticht die hochkarätige **Kunstsammlung Lausitz** mit Werken von Georg Baselitz, Carl Lohse, Harald Metzkes oder Gerhard Richter. Sie vermittelt einen guten Überblick über die Kunst aus bzw. über die Region (Schlossstraße · (0 35 73) 26 28 · Apr.–Okt. Di–So 10.30–17.30, Winter Di–Fr 13–17, Sa/So 10.30–17.30 Uhr).

Gleich daneben lädt der **Tierpark** zu einer Erholungspause im Grünen ein. Markenzeichen sind die seit 1956 hier in einem großzügigen Gehege lebenden Braunbären (Steindamm 26 · Apr./Mai/Sep./Okt. Mo–Fr 9–17, Sa/So 9–18, Juni–Aug. tgl. 9–18, Nov.–März frühere Schließzeiten).

In der historischen **Altstadt** gibt es rund um den Marktplatz einige schöne Jugendstilhäuser zu entdecken. Das Markt Café am Markt 14 bietet sich für eine Kaffeepause an. Neben der spätgotischen **Peter-und-Paul-Kirche,** dem ältesten Gebäude der Stadt, hat sich in der Baderstraße die ehemalige **Wendische Kirche** aus dem 18. Jahrhundert erhalten, die 1934 zum Bürgerhaus wurde.

⇨ Abstecher zur Gartenstadt Marga

Architekturfans sei ein Abstecher in die **Gartenstadt Marga** *im Stadtteil Brieske westlich des Zentrums empfohlen. Dafür kann man vom Stadthafen aus durch die begrünten Uferanlagen fahren, bis man über die Niemtscher Straße rechts und 500 Meter später links über die Elsterstraße und die Lindenallee im Rechtsbogen den zentralen Platz des Friedens erreicht.*

Die denkmalgeschützte, kreisförmige Siedlung mit Kaufhaus, Kirche, Marktplatz und Gasthaus entstand zwischen 1907 und 1915 und ist ein gutes Beispiel für innovatives Bauen. Entworfen wurde sie vom Dresdener Architekten Georg Heinsius von Mayenburg-

für die Ilse-Bergbau-Actiengesellschaft. Eine umfassende Sanierung Ende der 1990er-Jahre rettete sie vor dem Verfall.

Von Senftenberg nach Großräschen

km 36–50

Ist man auf dem Steindamm um den Schlosspark herumgefahren, biegt man links in die Schlossstraße und bald darauf wieder rechts in die Bahnhofstraße ein. Am Bahnhof vorbei und dann über die rechts abzweigende Spremberger Straße wird man durch ein weniger idyllisches Gewerbegebiet aus der Stadt hinaus und über die B 169 hinweg, am Güterbahnhof vorbei und immer links von der Eisenbahn, zum Ufer des Großräschener Sees geführt. Dort angelangt, kann man wieder gemütlich am begrünten Ufer entlangradeln, bis man nach 7 Kilometern an den IBA-Terrassen ankommt.

Zum Bahnhof sind es von hier noch 2 Kilometer geradewegs über die Seestraße. Doch zuvor sollte man sich auf den **IBA-Terrassen** *umsehen, die über dem Großräschener See thronen. Eine kleine Marina, einzelne neue Wohnhäuser und ein Seehotel lassen erahnen, dass sich hier am Wasser noch viel neues Leben entwickeln wird.*

Lange wird der Jachthafen von Großräschen nicht mehr leer bleiben

7

Große Havelrunde

Im großen Bogen um die Havelseen

Start	Ziel	Länge	Fahrzeit
S-Bhf. Pichelsberg	S-Bhf. Pichelsberg	50 km	ca. 4 Std.

Gleich vor den Toren der Hauptstadt kommt Urlaubsfeeling auf, wenn man am idyllischen Ufer der Havel entlangradelt. Dabei erwarten einen auf dieser Tour nicht nur landschaftliche Hochgenüsse, sie ist auch gespickt mit grandiosen architektonischen Zeugnissen der glanzvollen Epoche der preußischen Königinnen und Könige. Das einzigartige Architektur- und Gartenensemble, das man in Teilen durchradelt, gehört zum UNESCO-Welterbe. Nach und nach tauchen die Heilandskirche von Sacrow, Schlösser und Gärten, die Pfaueninsel auf. Doch auch Kleinode wie der Landhausgarten Dr. Max Fraenkel ist sehenswert und unzählige Ausflugslokale und Badestellen sorgen für Erfrischung. Wer die Strecke verkürzen will, steigt zwischendurch auf die Fähre oder das Potsdamer Wassertaxi um.

Falsche Ruine: das Schlösschen auf der Pfaueninsel

Infos zur Tour

Anfahrt/Rückfahrt
S-Bahnhof Pichelsberg
(S3, alle 10 Min., 21 Min. ab Berlin Hbf.)

Streckenverlauf
Heerstraße– Scharfe Lanke – Gatow – Kladow – Sacrow – Krampnitz – Nedlitz – Jungfernsee – Neuer Garten – Glienicker Brücke – Glienicker Schlosspark – Pfaueninselchaussee – Königstraße – Kronprinzessinnenweg – Havelchaussee – Am Postfenn

Varianten
Die Tour lässt sich verkürzen, indem man am Hafen von Alt-Kladow mit der Fähre nach Wannsee übersetzt (BVG-Fähre F10 · tgl. bis 19 Uhr, im Winter nur bis 18 bzw. So bis 16 Uhr. Es gelten BVG-Tickets (Zone AB) **Achtung:** Die Plätze für Fahrräder sind begrenzt!) und/oder die Tour am S-Bahnhof Wannsee beendet.
Außerdem kann man von Sacrow aus mit dem Potsdamer Wassertaxi Stationen in und um Potsdam wie die Glienicker Brücke anlaufen.

Potsdamer Wassertaxi
Schiffsverbindungen ab Sacrow Richtung Potsdam und Volkspark Glienicke (03 31) 2 75 92 10 · www.potsdamer-wassertaxi.de · Mitte Apr.–Mitte Okt. tgl., Ende März–Mitte Apr. und Anfang Okt. Sa/So · 4–13 €, Fahrräder 3 €

Kombinationsmöglichkeiten
Die Tour lässt sich gut kombinieren mit den Touren 8, 9 oder 10, jeweils ab Potsdam. Die Potsdamer Innenstadt erreicht man vom Neuen Garten aus nach ca. 3 Kilometern.

Streckencharakteristik
Landschaftlich sehr reizvolle Tour auf Radwegen und befestigten Waldwegen, kurze Abschnitte auf oder an Landstraßen.

Schwierigkeit
Einfach

Beschilderung
Havelradweg von Berlin bis Kladow und Glienicker Brücke bis Wannsee, sonst lokale Ausschilderung

Information
Tourist Information Potsdam
Babelsberger Straße 16 ·
14473 Potsdam · (03 31) 2 75 58 50 ·
www.potsdamtourismus.de

Stiftung Preußische Schlösser und Gärten Berlin-Brandenburg
www.spsg.de

Fahrradverleih
Berlin (▸ Tour 1, Seite 13)

Potsdam (▸ Tour 8, Seite 86)

Baden
Badestellen an der Havel, am Krampnitzsee und am Heiligen See

Strandbad Wannsee
Wannseebadweg 25 · 14129 Berlin ·
(0 30) 22 19 00 11 ·
www.berlinerbaeder.de ·
Öffnungszeiten zum Teil wetterabhängig, Kernöffnungszeiten Mai–Mitte Sep. 10–19 oder 20 Uhr

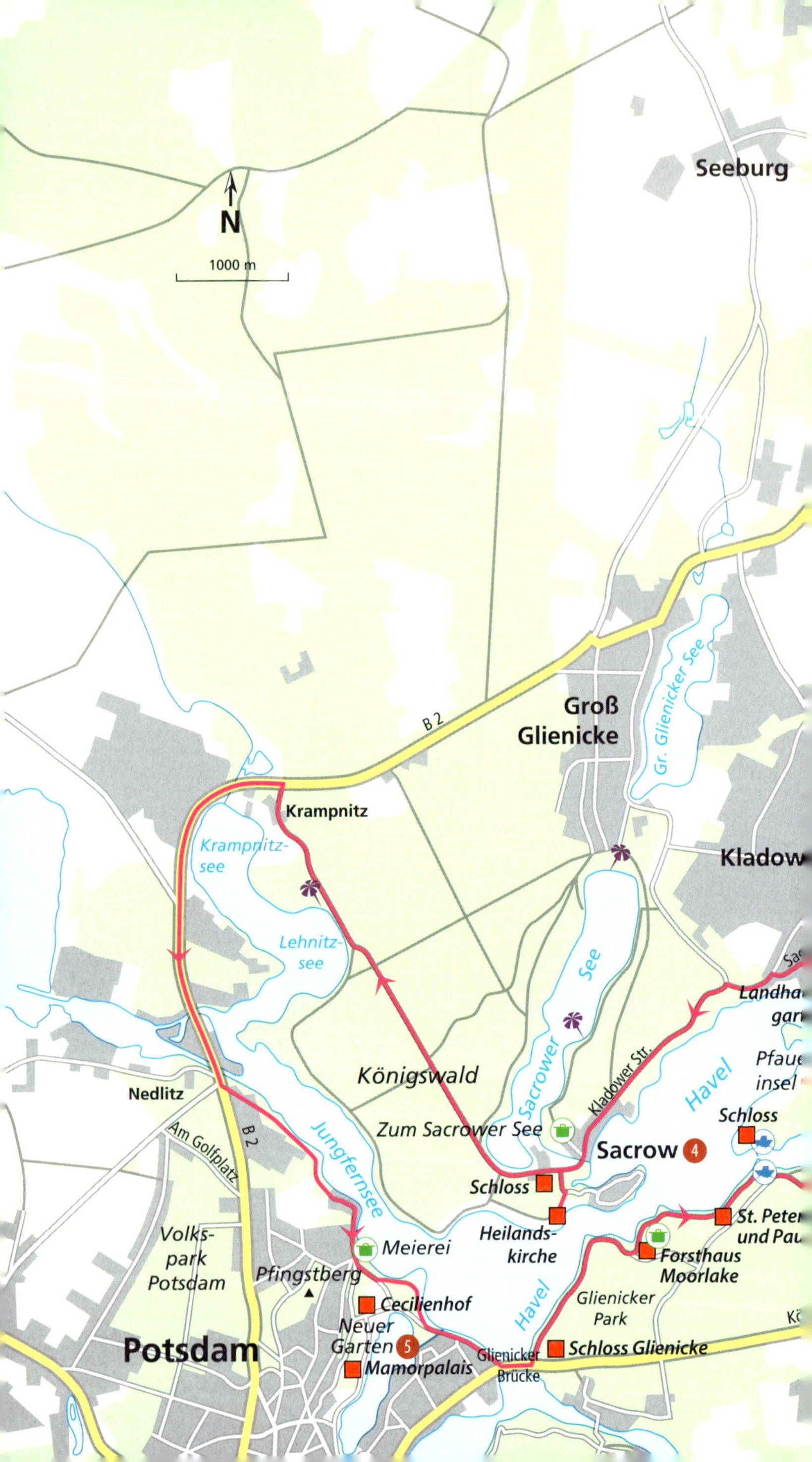
N
1000 m
Seeburg
B 2
Groß
Glienicke
Gr. Glienicker See
Krampnitz
Krampnitz-
see
Kladow
Lehnitz-
see
Sacrower
See
Königswald
Nedlitz
B 2
Kladower Str.
Landha
gar
Pfaue
insel
Havel
Schloss
Zum Sacrower See
Sacrow 4
Am Golfplatz
Jungfernsee
Schloss
Heilands-
kirche
St. Peter
und Pau
Meierei
Forsthaus
Moorlake
Volks-
park
Potsdam
Pfingstberg
Havel
Glienicker
Park
Cecilienhof
Neuer
Garten 5
Potsdam
Glienicker
Brücke
Schloss Glienicke
Mamorpalais

Pichelsberg 1
B 5
Heerstraße
Pichels-
dorf
Scharfe
Lanke
Am Postfenn
Schild-
horn
Kuh-
horn
Havelchaussee
Teufels-
see
Sand-
grube
B 2
Gatow 2
Windmühle
Hohen-
gatow
Lieper Bucht
Lindwerder
Kleine
Steinlanke
Grunewald
A 115
AVUS
Gutshaus
Neukladow
Havel
Schwanen-
werder
Große
Steinlanke
Klare
Lanke
Havelchaussee
Krumme
Lanke
Schlachtensee
Krumme
Lanke
Zehlen-
dorf
Kronprinzessinnenweg
Strandbad
Wannsee
Schlachtensee
Mexikoplatz
Nikolassee
Wannsee
Großer
Wann-
see
Wannsee 7
B 1
Kleinmachnow

Einkehren

Restaurant Zum Sacrower See · Sacrow
In der Traditionsgaststätte mit Rittersaal werden sowohl Kaffee und Kuchen als auch delikate Suppen, Salate und andere Gerichte serviert.
Weinmeisterweg 1 · 14469 Sacrow · (03 31) 50 38 55 · www.restaurant-sacrow.de · Mo, Do–So 12–22 Uhr, im Winter Schließzeiten

Meierei · Potsdam
In diesem Gebäude in normannischem Stil trank schon Friedrich Wilhelm II. seine Milch. Heute locken eine hauseigene Brauerei und ein Restaurant mit gutbürgerlicher Küche sowie eine große Terrasse am Wasser.
Im Neuen Garten 10 · 14469 Potsdam · (03 31) 7 04 32 11 · www.meierei-potsdam.de · Apr.–Okt. Di–So 12–20, Fr/Sa bis 22 Uhr, im Winter eingeschränkte Öffnungszeiten

Wirtshaus Moorlake · Berlin-Wannsee
Das historische, in bayerischem Stil errichtete Gasthaus tischt gutbürgerliche Küche auf – auch auf der großen Gartenterrasse mit Blick auf den Wannsee.
Moorlakeweg 6 · 14109 Berlin · (0 30) 8 05 58 09 · www.moorlake.de · tgl. 10.30–19 Uhr, im Winter Mo/Di geschlossen

km 0–11 Von Berlin nach Kladow

Start ist der **S-Bahnhof Pichelsberg** 1 *in Berlin-Charlottenburg. Man nimmt den Ausgang auf die Schirwindter Alle und fährt nach links bis zur Heerstraße, auf der man dann stadtauswärts radelt, bis links bei mehreren Supermärkten die Straße Alt Pichelsdorf abzweigt. Im Linksbogen über die Bocksfeldstraße erreicht man das Ufer der* **Scharfen Lanke,** *einer Ausbuchtung der Havel, an der eine kleine Marina mit allerlei Booten maritimes Flair verbreitet. Von hier aus geht es auf der idyllischen Uferpromenade am Wasser entlang. Vorbei an Segel- oder Rudervereinen, Kleingärten, Liegewiesen und dem 50 Meter hohen* **Windmühlenberg** *mit einer hübschen Bockwindmühle führt der Radweg durch* **Gatow** 2 *und weiter nach* **Kladow** 3*, dem südlichsten Zipfel von Berlin-Spandau.*

Hier erhebt sich rechts das denkmalgeschützte **Gutshaus Neukladow** im historischen Gutspark auf einem Hügel. Neben allerlei Snacks bietet es einen schönen Blick über die Landschaft (Neukladower Allee 9–12 · (0 30) 36 41 38 92 · www.gutshausneukladow.de · tgl. 12–17 Uhr, im Winter eingeschränkte Öffnungszeiten).

Eine weitere sehenswerte Station auf dem Havelradweg hinter dem Kladower Hafen ist der **Landhausgarten Dr. Max Fraenkel,** der sich links vom Weg ans Wasser schmiegt. Das Gartenjuwel entstand um 1920 zusammen mit Teichanlage, Rosen, Obst- und Gemüsegarten neben der Sommerresidenz für den Bankier Dr. Max Fraenkel. Ein Besucherzentrum informiert über die Geschichte der restaurierten Anlage, außerdem lädt ein Café zur Verschnaufpause ein (Lüdickeweg 1 · (0 30) 9 02 79 27 21 · www.sommercafe-kladow.de · Garten Apr.–Sep. Mo–Do 7.30–14 und Fr–So/Fei 10–18 Uhr, Führungen So um 12 Uhr · Café Apr.–Okt. Fr–So/Fei 10–18).

Von Kladow nach Sacrow

km 11–17,5

Nun fährt man weiter auf dem Sacrower Kirchweg, biegt zwischendurch links in die Sacrower Landstraße, später Kladower Straße ab, die durch das Naturschutzgebiet Königswald nach **Sacrow** (4) *führt.*

Sacrow

Sacrow bedeutet im Slawischen soviel wie „Hinter dem Gebüsch" und der Ort macht seinem Namen alle Ehre. Er ist von dichtem Mischwald umgeben sowie vom Wasser der Havel. Herzstück ist der 24 Hektar große Gutspark mit dem **Schloss Sacrow,** den

Vom Wasser aus am schönsten: die Heilandskirche von Sacrow

Italien-Fan Friedrich Wilhelm IV. als weiteren Baustein seines „preußischen Arkadiens“ so anlegen ließ, dass Architektur und gestaltete Landschaft zu einer Einheit verschmelzen. Ludwig Persius machte aus dem Gutshaus ein bescheidenes Schloss – das die Königsfamilie nie bewohnte –, während Peter Joseph Lenné die Gestaltung des Gartens oblag, der über Sichtachsen mit der Pfaueninsel oder dem Flatowturm von Babelsberg verbunden ist. Ein Förderverein kümmert sich heute darum, das unrestaurierte Gebäude mit interessanten Ausstellungen und anderen Veranstaltungen zu beleben (www.ars-sacrow.de).

Höhepunkt des Ensembles ist die **Heilandskirche,** die sich malerisch im Wasser der Havel spiegelt. Mit ihren Arkaden und einem 20 Meter hohen, frei stehenden Turm, den horizontale Bänder aus blauglasierten Fliesen und blassrosa Backstein zieren, wirkt sie wie eine frühchristliche Basilika. Das Innere schmückt ein Apsisgemälde von Carl Begas und Adolph Eybel in byzantinischem Stil. Nachdem die Kirche, die sich im Grenzgebiet der DDR befand, jahrzehntelang verbarrikadiert und das Innere zerstört worden war, konnte sie noch vor der Wende vor dem endgültigen Verfall gerettet werden und gibt heute immer wieder die Kulisse für stimmungsvolle Konzerte ab ((03 31) 5 05 21 44 · www.heilandskirche-sacrow.de · Mai–Aug. Di–Do 11–16, Sa/So 11–17 Uhr, März/Apr., Sep./Okt. Di–Do 11–15.30, Sa/So 11–16 Uhr, im Winter Sa/So 11–15.30 Uhr).

km 17,5–27,5

Von Sacrow zum Neuen Garten

Vom Gutspark Sacrow aus radelt man weiter auf der Krampnitzer Straße und der Straße nach Sacrow um den südlichen Teil des Sacrower Sees herum durch den Königswald bis an den **Lehnitzsee,** *der später in den* **Krampnitzsee** *mit einigen hübschen Badestellen übergeht. Nun geht es rechts am Ufer entlang in Richtung* **Krampnitz,** *wo man über den links abzweigenden Rotkehlchenweg die verkehrsreiche B2 erreicht. Sie ist ein weniger reizvoller Abschnitt der Tour und führt auf straßenbegleitendem Radweg um den Krampnitzsee herum und weiter in Richtung Potsdam. Vor der Stadtgrenze überquert man zuerst die Brücke, die Krampnitz- und Weißen See voneinander trennt, dann den Sacrow-Paretzer Kanal und folgt gleich danach links der Ausschilderung zum* **Jungfernsee.** *Über die Bertinistraße erreicht man dort zunächst das historische*

Mit dem Marmorpalais hielt der Klassizismus in Preußen Einzug

Ausflugsrestaurant Meierei, das auch Station des Potsdamer Wassertaxis ist. Von hier aus kann man sich im **Neuen Garten** 5 *umsehen, muss dafür aber auf den meisten Wegen vom Rad absteigen.*

Der Neue Garten

Der Neue Garten im Stil eines englischen Landschaftsparks erstreckt sich entlang des Ufers des **Heiligen Sees** und ist ein Höhepunkt der Potsdamer Grünanlagen. Gestaltet wurde er um 1786 von den Hofgärtnern Johann August Eyserbeck und Joseph Peter Lenné.

Im nördlichen Teil des Geländes präsentiert sich heute aber zunächst das wesentlich jüngere **Schloss Cecilienhof,** in dem das letzte deutsche Kronprinzenpaar residierte: Von Paul Schultze-Naumburg von 1914 bis 1917 in englischem Tudorstil errichtet, gleicht es mit Fachwerkfassade und Butzenscheiben eher einem behaglichen Landsitz. Und doch wurde inmitten dieser Idylle während der Potsdamer Konferenz vom 17. Juli bis 2. August 1945 Weltgeschichte geschrieben. Damals legten Harry S. Truman, Joseph W. Stalin und Winston Churchill die neuen Grenzverläufe im befreiten Europa und der Welt fest. Bis heute bezeugen dies der Konferenzsaal mit dem großen Tisch sowie das Arbeitszimmer der russischen Delegation (www.spsg.de · Apr.–Okt. Di–So 10–17.30, Nov.–März Di–So 10–16.30 Uhr).

Wichtigstes Gebäude aus der Entstehungszeit ist das **Marmorpalais** direkt am Seeufer, das zwischen 1787 und 1791 unter der Federführung von Carl von Gontard und Carl Gotthard Langhans für Friedrich Wilhelm II. entstand. Mit ihm hielt in Preußen der Klassizismus Einzug. Innen erstrahlen heute Grottensaal und Orientalisches Kabinett in neuem Glanz, Wohnräume prunken mit prachtvoller Seidenbespannung (Mai–Okt. Di–So 10–17.30, Nov.–März, Sa/So 10–16, Apr. Sa/So 10–17.30 Uhr).

Neben den beiden repräsentativen Schlösschen ist die Gartenanlage gespickt mit weiteren architektonischen Kleinoden wie dem **Grünen Haus,** der **Orangerie** oder der **Gotischen Bibliothek** am südlichsten Zipfel des Parks.

Vom Neuen Garten zur Pfaueninsel

km 27,5–33

Über den offiziellen Fahrradweg am Ufer des **Jungfernsees** *und die Schwanenallee erreicht man die Glienicker Brücke.*

Unterwegs kann man nach der Kaiserlichen Matrosenstation Kongsnæs mit elegantem und eher hochpreisigem Restaurant noch der klassizistischen Villa Schöningen einen Besuch abstatten, die hin und wieder zu Ausstellungen zeitgenössischer Kunst einlädt (Berliner Straße 86 · (03 31) 2 00 17 41 · www.villa-schoeningen.org · unregelmäßig geöffnet). Gleich daneben liegt die **Glienicker Brücke,** eine grüne Stahlkonstruktion von 1907, die wiederum ein ganz anderes Geschichtskapitel aufschlägt: Während der deutschen Teilung verlief mitten auf der sogenannten „Brücke der Einheit“ die Grenze, hier wurden Agenten zwischen den beiden deutschen Staaten ausgetauscht. Heute überquert man die Glienicker Brücke ungehindert und biegt gleich danach links in den Uferweg ab, der am **Glienicker Park** entlangführt.

Wo Agenten ausgetauscht wurden

Auch diese Grünanlage gehört als Teil der Berlin-Potsdamer Kulturlandschaft zum Welterbe der UNESCO. Peter Joseph Lenné schuf hier nicht nur den Pleasureground genannten Blumengarten, sondern ver-

Mit Schloss Glienicke erfüllte sich Prinz Carl seinen Traum von Italien

band **Schloss Glienicke** auch durch Sichtachsen mit anderen Gebäuden des „Preußischen Arkadiens“ wie der Heilandskirche von Sacrow. Mit dem Schloss selbst erfüllte sich Prinz Carl von Preußen 1823 seinen Traum einer italienisch anmutenden Villa – für die Pläne des Architekten Karl Friedrich Schinkels stand eindeutig die Antike Modell. Der Rote Saal, der Grüne Salon, das türkisfarbene Schlafzimmer und das Marmorzimmer sind mit ihren erlesenen Möbeln, Kronleuchtern und Kaminen auch häufig edler Rahmen für Ausstellungen und Konzerte (Apr.–Okt. Di–So 10–17.30 Uhr, Nov.–Dez./März Sa/So 10–16 Uhr, letzter Einlass 30 Min. vor Schließung · Besichtigung nur mit Führung).

Kurz nachdem man am Krughorn die Station des Potsdamer Wassertaxis passiert hat, erreicht man das **Forsthaus Moorlake** *mit gleichnamigem Wirtshaus in bayerischem Stil, das auf eine über 100-jährige Tradition als Ausflugslokal zurückblicken kann. Einen knappen Kilometer weiter erhebt sich rechts die* **Kirche St. Peter und Paul** *über dem Uferweg.*

Die Kirche mit der charakteristischen Zwiebelkuppel und einem hölzernen Vorbau wurde von den Schinkelschülern August Stüler und Albert Dietrich Schadow nach russischem Vorbild errichtet. Friedrich Wilhelm III. schenkte sie später dem russischen Zaren Nikolaus I., der mit seiner Tochter Charlotte verheiratet war.

Schließlich taucht links die **Pfaueninsel** ❻ *auf. Wer sie mit der Fähre ansteuert, die regelmäßig zum Eiland übersetzt, kann sich von dem Gesamtkunstwerk mehrerer Baumeister und Gartenbauarchitekten verzaubern lassen.*

Die Pfaueninsel

Mit falschen Tempeln und einer **Meierei** in Gestalt einer gotischen Kapelle ist das Ensemble Vorläufer heutiger Themenparks. Maßgeblich geprägt haben die Insel König Friedrich Wilhelm II. und seine Mätresse Wilhelmine Encke, die hier ein **Schlösschen** in romantisierender Ruinenarchitektur errichten ließen. Friedrich Wilhelm III. beauftragte später Peter Joseph Lenné und Hofgärtner Ferdinand Fintelmann mit der weiteren Gestaltung des Landschaftsparks mit exotischen Gewächsen, Vogelvolieren und einem Rosengarten, zwischen denen heute noch Pfauen herumstolzieren.

km 33–50 Von der Pfaueninsel zum S-Bahnhof Pichelsberg

Von hier aus radelt man auf der Pfaueninselchaussee weiter, die sich rechts abzweigend durch die hügelige Waldlandschaft des Düppeler Forsts schlängelt. Sie mündet in die Königstraße, der man ein Stück in Richtung Berlin folgt. Nach der Brücke, die den Kleinen vom Großen Wannsee trennt und schöne Ausblicke eröffnet, hält man sich links und radelt auf dem Kronprinzessinnenweg am **S-Bahnhof Wannsee** ❼ *vorbei (wo man bereits in den Zug steigen könnte) und wenig später auf der links abzweigenden Havelchaussee in stetem Auf und Ab mal näher, mal weiter vom Ufer entfernt. Wo linker Hand am Havelufer die ersten Bootsstege auftauchen, biegt man rechts in die Straße zum Postfenn. Nachdem man einen weiten Bogen durch bewaldetes Gebiet geschlagen hat, landet man wieder auf der Heerstraße, die man hier nur zu überqueren braucht, um direkt zum S-Bahnhof Pichelsberg zu kommen.*

Schwielowsee

Vom idyllischen Seeufer in die Baumwipfel von Beelitz 8

Start	Ziel	Länge	Fahrzeit
Potsdam Hbf.	Potsdam Hbf.	52 km	ca. 4 Std.

Unzählige Badestellen und Strandbäder säumen die Rundtour um den idyllischen Templiner und Schwielowsee. Unterwegs kann man aber nicht nur ins Wasser springen, sondern auch hübsche Orte an den Seeufern entdecken. Darunter das Malerdorf Ferch, wo sich einst die Havelländische Malerkolonie ansiedelte, oder Caputh mit seinem liebevoll restaurierten frühbarocken Lustschlösschen. Höhepunkt ist jedoch der Abstecher zu den Heilstätten von Beelitz, einem der größten Flächendenkmale Deutschlands. Vom spektakulären Baumkronenpfad aus lassen sich die zugewucherten Gebäude der ehemaligen innovativen Lungenheilstätte aus luftiger Höhe überblicken.

Schöner speisen auf der Terrasse des Fährhauses in Caputh

Infos zur Tour

Anfahrt/Rückfahrt

Hauptbahnhof Potsdam
(S7 alle 10 Min., ca. 40 Min. ab/bis S-/U-Bhf. Friedrichstraße, oder RE 1 alle 20 Min., ca. 30 Min. ab/bis S-/U- Bhf. Friedrichstraße)

Streckenverlauf

Potsdam – Geltow – Petzow – Ferch – Beelitz Heilstätten – Ferch – Caputh – Potsdam

Streckencharakteristik

Landschaftlich und kulturhistorisch sehr reizvolle Tour auf teils asphaltierten Radwegen, teils fein geschotterten oder befestigten Waldwegen, zum Teil straßenbegleitend.

Schwierigkeit

Einfach

Beschilderung

R1 von Potsdam bis Beelitz-Heilstätten, F1 rund um den Schwielowsee, außerdem Havel-Radweg von Geltow bis Potsdam

Kombinationsmöglichkeiten

In Potsdam starten außerdem die Touren 9 und 10.

Information

Schwielowsee-Tourismus Kultur- und Tourismusamt
Straße der Einheit 3 ·
14548 Schwielowsee, OT Caputh ·
(03 32 09) 7 08 99 ·
www.schwielowsee-tourismus.de

Fahrradverleih

Radstation im Hbf. Potsdam
neben dem Ausgang Babelsberger Straße · (03 31) 88 71 99 17 ·
www.potsdam-per-pedales.de ·
Mo–Fr 7–19, Sa/So 9.30–19 Uhr
Nov.–März Mo–Fr 8–19, Sa 9.30–10 Uhr

Rad- und Paddelstation
Im Bahnhof Griebnitzsee ·
Rudolf-Breitscheid-Straße 201 ·
www.potsdam-per-pedales.de ·
(03 31) 7 48 00 57 ·
Mo–Fr 9–18.30, Sa/So 9–19,
Nov.–März Mo–Fr 9–18, Sa 10–14 Uhr

Ladestationen

Caputh
Parkplatz Uferpromenade
Weinbergstraße 60 · 14548 Caputh

Baden

Badestellen und Strandbäder am Templiner und am Schwielowsee

Waldbad Templin
Templiner Straße 10 · 14473 Potsdam ·
(03 31) 6 61 98 37 ·
Mitte Mai–Aug. tgl. 9–14 und 15–20 Uhr

Seebad Caputh
Weg zum Strandbad 1 · Schwielowsee, OT Caputh · www.seebad-caputh.de ·
Mitte–Ende Mai, Sep. tgl. ab 12,
Juni–Aug. tgl. ab 10 Uhr

Strandbad Ferch
Dorfstraße 41a · Schwielowsee,
OT Ferch · (01 72) 3 93 11 82 ·
www.strandbad-ferch.de · Mai–Sep.
Mo–Fr 12–18, Sa/So 11–18 Uhr

Von Potsdam bis Petzow

km 0–13

Im **Potsdamer Hauptbahnhof** 1 *nimmt man den Ausgang Babelsberger Straße, hält sich links und fährt auf der Langen Brücke Richtung Zentrum. Man radelt am Landtag im neu erbauten* **Stadtschloss** *vorbei und im Linksbogen weiter auf der Breiten Straße. An den hohen Wohnhäusern, wo auch das* **„Moschee"** *genannte alte Dampfmaschinenhaus steht, fährt man links zum Ufer des* **Templiner Sees** *hinunter. Vorbei an viel idyllischem Grün, Lokalen, kleinen Marinas, Segelschulen und zwei größeren Hotels geht es immer mit Blick aufs Wasser aus der Stadt hinaus. Vorbei am Campingplatz Sanssouci erreicht man den kleinen* **Petzinsee** *mit schönen Villengrundstücken und folgt der kurzfristigen Ausschilderung nach* **Geltow** 2 *über die Caputher Chaussee zur Traditionsgaststätte Baumgartenbrück. Gleich dahinter führt rechts eine Rampe auf die Havelbrücke hinauf. Man überquert die Brücke und biegt gleich danach beim Kreisverkehr links nach Petzow ab. Nun radelt man durch Wiesen auf einem bequemen Radweg an einer Badestelle und dem Sanddorn-Garten (mit Hofladen und Café · www.sanddorn-garten-petzow.de · tgl. 10–18 Uhr, Schließzeiten im Winter) vorbei nach* **Petzow** 3**.**

Petzow

Links thront auf einer Anhöhe die **Dorfkirche** mit romanischen Rundbogenfenstern, die Gustav Emil Prüfer nach Entwürfen Schinkels um 1842 errichtete. Der Turm bietet eine fantastische Aussicht auf die Seenlandschaft (nur Sa/So geöffnet). Gegenüber steht das neugotische **Schloss Petzow** am Ufer des Schwielowsees mit Schiffsanlegestelle. Auch an diesem Bauwerk im englischen Tudorstil hat Schinkel mitgewirkt – inzwischen beherbergt es exklusive Mietwohnungen. Auch das 1825 nach Plänen desselben Baumeisters erbaute **Waschhaus** im Gutspark hat man restauriert. Ein wahres Kleinod, in dem das Heimatmuseum untergebracht ist (Mitte Apr.–Mitte Okt. So 13–17 Uhr).

Von Petzow nach Beelitz Heilstätten

km 13–27

Weiter auf dem Radweg erreicht man **Ferch,** *wo am Ortseingang rechts die Fahrradstraße nach* **Beelitz Heilstätten** 4 *abzweigt. Jetzt geht es auf einem bequemen, aber hügeligen asphaltierten Radweg in einigem Auf und Ab durch typisch märkischen, etwas mono-*

Glindow
Havel
Geltow 2
B 1
Baumgartenbrück
Glindower See
Petzinsee
N
1000 m
Caputh-Geltow
Schloss Caputh
Dorf-kirche
Fähr-haus
Kirche
Petzow 3
Schloss
Seebad
Caputh 6
Schwielowsee
Caputher See
Fercher Str.
Japanischer Bonsaigarten
Schwielow-see
Strandbad
Ferch 5
Museum der Havelländischen Malerkolonie
Fischer-kirche
Ferch-Lienewitz
A 10
A 10
Seddin
Neuseddin
A 9
Fichten-walde
Seddin
Landhotel Gustav
Baumkronenpfad
Beelitz-Heilstätten
Beelitz-Heilstätten 4
B 2
Beelitz

N
1000 m
Bornim
B 273
Volks-
park
Potsdam
B 2
Nedlitzer Str.
Jungfernsee
Pfingstberg
Potsdam
Golm
Eiche
Park Sanssouci
Holländisches
Viertel
Stadtschloss
Breite Str.
Moschee
Charlottenhof
Park Sanssouci
Potsdam
Hbf.
Havel
Hermanns-
werder
Leipziger Str.
Templiner Str.
Templiner
Pirschheide
B 1
B 2
Waldbad
Templin
Geltow
See
Baumgartenbrück
Petzinsee
Schloss
Caputh
Kavalier-
haus
Caputh-Geltow
Fähr-
haus
Kirche
Einsteinhaus
Seebad
Caputh
Schwielowsee
Caputher
See
Wilhelmshorst
Wilhelmshorst
B 2
Michendorf
Michendorf
Langerwisch

Einkehren

Fährhaus Caputh
In dem urigen Traditionslokal mit Blick aufs Wasser kann man sich Fischspezialitäten, aber auch originelle vegetarische Gerichte schmecken lassen.
Straße der Einheit 88 · 14548 Schwielowsee-Caputh · (03 32 09) 7 02 03 · www.faehrhaus-caputh.de · Apr.–Okt. tgl. ab 12, Nov./Dez. Do–So ab 12 Uhr

Kavalierhaus im Schlosspark Caputh
Gehobene Küche in stilvollem Rahmen, Terrasse am See. Auch geschmackvolle Zimmer (EZ ab 69 €/DZ ab 89 €).
Lindenstraße 60 · 14548 Schwielowsee · (03 32 09) 8 46 30 · www.kavalierhaus-caputh.de · Apr.–Sep. Mi–So, Okt. Do–So, Nov.–Feb. nur Sa/So, jeweils ab 11 Uhr

Landhotel Gustav · Beelitz-Heilstätten
In einem denkmalgeschützten Gebäude der früheren Lungenheilstätten stehen neben italienisch angehauchten Rezepturen auch Flammkuchen hoch im Kurs.
Paracelsusring 2 · 14547 Beelitz-Heilstätten · (03 32 04) 4 73 30 · www.landhotel-gustav.de · tgl. ab 7 Uhr, DZ ab 88 €

tonen Kiefernwald, wobei man zwei Mal die Autobahn überquert. Danach geht es hinter der Bahnlinie rechts in Richtung **Heilstätten-Gelände.** *Der Eingang beim Pförtnerhaus liegt hinter dem Bahnhof auf der linken Seite der Fichtenwalder Straße (L 88). Wer will, kann von hier aus direkt mit dem Zug nach Berlin zurückfahren.*

Beelitz Heilstätten

Die ehemalige Lungenheilanstalt breitet sich inmitten von Waldlandschaft auf einem 200 Hektar großen Areal aus. Errichtet wurden die 60 Gebäude zwischen 1898 und 1930 von der Berliner Landesversicherungsanstalt für die vielen Tuberkulosekranken der aufstrebenden Industriemetropole. Neben lichtdurchfluteten Klinikbauten im alpenländischen Stil, die die kranken Arbeiterinnen und Arbeiter in die ferne Schweiz versetzen sollten, wurden auch die Wirtschaftsgebäude nach modernsten Gesichtspunkten gebaut wie das zentrale Küchen- oder das Heizhaus, das mit Kraft-Wärme-Kopplung betrieben wurde. Seit Langem sind sie verfallen.

Nachdem aber in einigen Gebäuden wieder eine Klinik und das Landhotel Gustav entstanden waren, machte der Verein Baum und Zeit das Gelände Besuchern mit einem schön angelegten **Baumkronenpfad** zugänglich, der einen spektakulären Blick auf die verfallenden Gebäude ermöglicht und sich schnell zu einem touristischen Highlight entwickelt hat. ((03 32 04) 63 47 23 · www.baumundzeit.de · Apr.–Sep. tgl. 10–19, März/Okt./Nov. tgl. bis Sonnenuntergang, Dez.–Feb. nur Sa/So/Fei 10–16 Uhr, interessante Führungen 11–15 Uhr).

Gleich nebenan kann man in einem großen **Barfußpark** die müden Füße mobilisieren (www.derbarfusspark.de · Mitte Apr.–Sep. 10–18, Sa/So 10–19 Uhr). Einige der alten Gebäude werden mittlerweile saniert. Hier entsteht ein neues Wohnquartier mit Schulen, Kindergärten und einem Creative Village.

Von Beelitz Heilstätten nach Ferch

km 27–38

Man radelt auf demselben Weg zurück nach **Ferch** 5 *und fährt dort rechts weiter ins Zentrum des hübschen Malerorts. Wer mag, stattet vorher noch dem* **Japanischen Bonsaigarten** *einen Besuch ab, der mit unzähligen liebevoll arrangierten Miniaturpflanzen und einem Teehaus lockt (Fercher Straße 61 · (03 32 09) 7 21 61 · www.bonsaihaus.de · Apr.–Okt. Di–So, Fei 11–18 Uhr).*

Schlängelt sich über Wald und Ruinen: der Baumkronenpfad

Ferch

Schon vor 130 Jahren zog Ferch mit seiner idyllischen Umgebung Künstler an. Um Karl Hagemeister herum entstand die sogenannte Havelländische Malerkolonie, die sich hier zu impressionistisch anmutenden Bildern von Seerosen, Birkenhainen und Wasserlandschaften inspirieren ließ. Viele ihrer Werke sind im **Museum der Havelländischen Malerkolonie** zu sehen, das in einem alten **Kossätenhaus** untergekommen ist (Beelitzer Straße 1 · (03 32 09) 2 10 25 · www.havellaendische-malerkolonie.de · Mai–Okt. Do–So 12–16, Nov.–Apr. Sa/So 12–16 Uhr). Ganz in der Nähe steht die liebenswerte, um 1630 entstandene **Fischerkirche** im Fachwerkstil. Außerdem führt ein Kunstpfad auf die Spuren der Pleinairisten und weist auf deren frühere Wohnhäuser hin.

km 38–44

Von Ferch nach Caputh

Weiter auf dem straßenbegleitenden Radweg F1, der am Ufer des Schwielowsees verläuft, erreicht man nach wenigen Kilometern **Caputh 6**, *wo man vor der Eisenbahnüberquerung links abbiegt und direkt zur* **Uferpromenade** *gelangt. Vor den Kleingärten sitzen Angler am Wasser, Lokale laden zu Erfrischungen ein. Ist man am Fährhaus Caputh angekommen, geht es rechts und kurz darauf wieder links auf der Straße der Einheit und Lindenstraße durch den Ort.*

Für die Stüler-Kirche in Caputh standen frühchristliche Basiliken Modell

Caputh

Caputh überrascht gleich mit mehreren Kleinoden. Neben der von Friedrich August Stüler im frühchristlichen Stil erbauten **Dorfkirche** mit hölzerner Kassettendecke ist das frühbarocke **Schloss Caputh** eine besondere Perle. Nachdem es der Große Kurfürst Friedrich Wilhelm 1671 seiner Gemahlin Kurfürstin Dorothea schenkte, wurde daraus eine kleine, sehr feine Sommerresidenz. Besonders beeindruckend sind der Festsaal mit barockem Deckengemälde und der Fliesensaal im Untergeschoss mit mehr als 7 500 blau-weißen, holländischen Fayence-Fliesen. Außerdem vermitteln Gemälde, Lackmöbel, verzierte Spiegel und Marmorskulpturen eine Vorstellung von der Raumdekoration in der Zeit um 1700 (Straße der Einheit 2 · (03 31) 7 03 45 · Mitte Apr.–Okt. Di–So 10–17.30 Uhr).

Den **Schlosspark** mit Anlegestelle gestaltete Peter Joseph Lenné 1820 zum Landschaftsgarten um. Im ehemaligen Kavalierhaus am Seeufer, das General Heinrich Ludwig August von Thümen in klassizistischem Stil erbauen ließ, lässt sich heute stilvoll speisen.

Abstecher zu Albert Einsteins Sommerhaus

Kurz vor dem Ortsausgang von Caputh weisen Schilder den Weg zu dem rechts oberhalb des Ortszentrums versteckten Häuschen. Man erreicht es über die Waldstraße und Rosenstraße. Von Architekt Konrad Wachsmann ließ sich der Nobelpreisträger 1929 ein schlichtes Domizil mit Flachdach und großer Sonnenterrasse bauen. Auch Max Planck, Heinrich Mann und Max Liebermann waren hier zu Besuch. Später wurde das Haus von den Nazis konfisziert und von der Wehrmacht genutzt. Inzwischen ist es wieder für Besucher geöffnet (Am Waldrand 15–17 · (03 31) 27 17 80 · www.einsteinsommerhaus.de · Apr.–Okt. Sa/So/Fei 10–18 Uhr).

Von Caputh nach Potsdam

km 44–52

Nun radelt man weiter auf dem straßenbegleitenden Fahrradweg durch Waldlandschaft. Vorbei am **Waldbad Templin** *(Templiner Straße 110 · (03 31) 6 61 98 37 · je nach Wetter Ende Apr.–Mitte Sep. tgl. ab 10 Uhr geöffnet) und dem* **Forsthaus Templin,** *wo man sich noch mal mit selbst gebrautem Bier erfrischen kann, folgt man den Wegweisern auf der Templiner Straße zurück nach Potsdam-Hauptbahnhof.*

Durchs Havelland bei Potsdam

9 Havelländische Schlösser und eine historische Inselstadt

Start	Ziel	Länge	Fahrzeit
Potsdam Hbf.	Potsdam Hbf.	51 km	ca. 4,5 Std.

Einen großen Bogen um Potsdam schlägt die Tour durchs beschauliche Havelland. Inmitten der Wald-, Wiesen- und Wasserlandschaft liegen zwei Schlösser, die unterschiedlicher nicht sein können: Hier das kolossale Spukschloss von Marquardt, einst Schauplatz von schwarzer Magie, dort das betont schlichte Schloss Paretz, Sehnsuchtsort von Königin Luise. Nach den geballten Eindrücken radelt man ganz entspannt am Ufer der Havel entlang nach Werder. Dort lockt vor der letzten Etappe die historische Inselstadt, wo zwischen Bockwindmühle und Heilig-Geist-Kirche viele nette Lokale die kopfsteingepflasterten Straßen säumen und zu allerlei Fischspezialitäten einladen.

Schloss Paretz: schlichter Landsitz mit kunstvoller Inneneinrichtung

Infos zur Tour

Anfahrt/Rückfahrt

Hauptbahnhof Potsdam
(S7, alle 10 Min. ab/bis S-Bhf. Friedrichstraße, ca. 40 Min.
oder RE 1, alle 20 Min. ab/bis S-Bhf. Friedrichstraße, ca. 30 Min.)

Fähre Ketzin
Apr.–Sep. tgl. 5.30–20, Okt.–März Mo–Fr 5.30–19, Sa/So 9–18 Uhr

Varianten

Die Tour lässt sich verkürzen, indem man von Werder aus mit dem Zug zurückfährt (RE 1, alle 30 Min., ca. 35 Minuten bis Berlin Hbf.).

Kombinationsmöglichkeiten

In Potsdam starten außerdem die Touren 8 und 10.

Streckenverlauf

Potsdam Hbf. – Kolonie Alexandrowka – Marquardt – Uetz – Paretz – Ketzin – Phöben – Werder – Baumgartenbrück – Potsdam

Streckencharakteristik

Kulturell interessante Tour auf teils guten, asphaltierten Fahrradwegen, teils Waldwegen und einigen Kilometern auf oder an Landstraßen.

Schwierigkeit

Einfach

Beschilderung

F3 ab Marquardt bis Paretz, Havelradweg ab Fähre Ketzin bis Potsdam, lokale Ausschilderung

Information

Tourismusverband Havelland
Theodor-Fontane-Straße 10 ·
14641 Nauen, OT Ribbeck ·
(03 32 37) 85 90 30 ·
www.havelland-tourismus.de

Fahrradverleih

Potsdam (▸ Tour 8, Seite 86)

Ladestationen

Potsdam
Radstation im Hbf. (Fahrrad-Parkhaus), Schließfächer mit Steckdosen, rund um die Uhr geöffnet
(▸ Tour 8, Seite 86)

Baden

Badestelle am Schlänitzsee

Bootsverleih

Krüger & Till · Werder/Havel
Verleih von Kanus, Kajaks, Ruder-, Tret- und Elektrobooten sowie SUPs und Flößen.
Unter den Linden 17 · (0 33 27) 4 24 24 ·
www.wassersport-werder.de ·
Apr.–Sep.

Ausflugsfahrten

MS Bismarckhöhe · Werder/Havel
Von Mai–Sep. Ausflugsfahrten zum Schwielow- und Großen Zernsee.
Reederei Bernd Kuhl ·
(01 79) 1 27 61 63 ·
www.schifffahrt-ab-werder.de ·
Anlegestelle direkt an der Brücke zur historischen Altstadtinsel

Paretz 3
ehem. Schmiede
Kirche
Ketzin
Schloss und Park
An der Fähre
Havelkanal
Uetz
B 273
Marqua
Havel
Sacrow-Paretzer-Kanal
Schloss und Park
Alter
A 10
Göttin-see
Schlänitz-see
Leest
Töplitz
Havel
Wublitz
Grube
Phöben
Nattwerder
A 10
Kemnitz
Havel
Gut Schloss Golm
Gol
Großer Zernsee
A 10
Werder (Havel)
Eisenbahnstr.
Wildpark West
Großer Plessower See
Werder 4
Plessow
Neuplötzin
Alt-stadt
Arielle
Heilig-Geist-Kirch
B 1
Obstbaumuseum & Bockwindmühle
B 1
Havel
Glindow
Glindower See

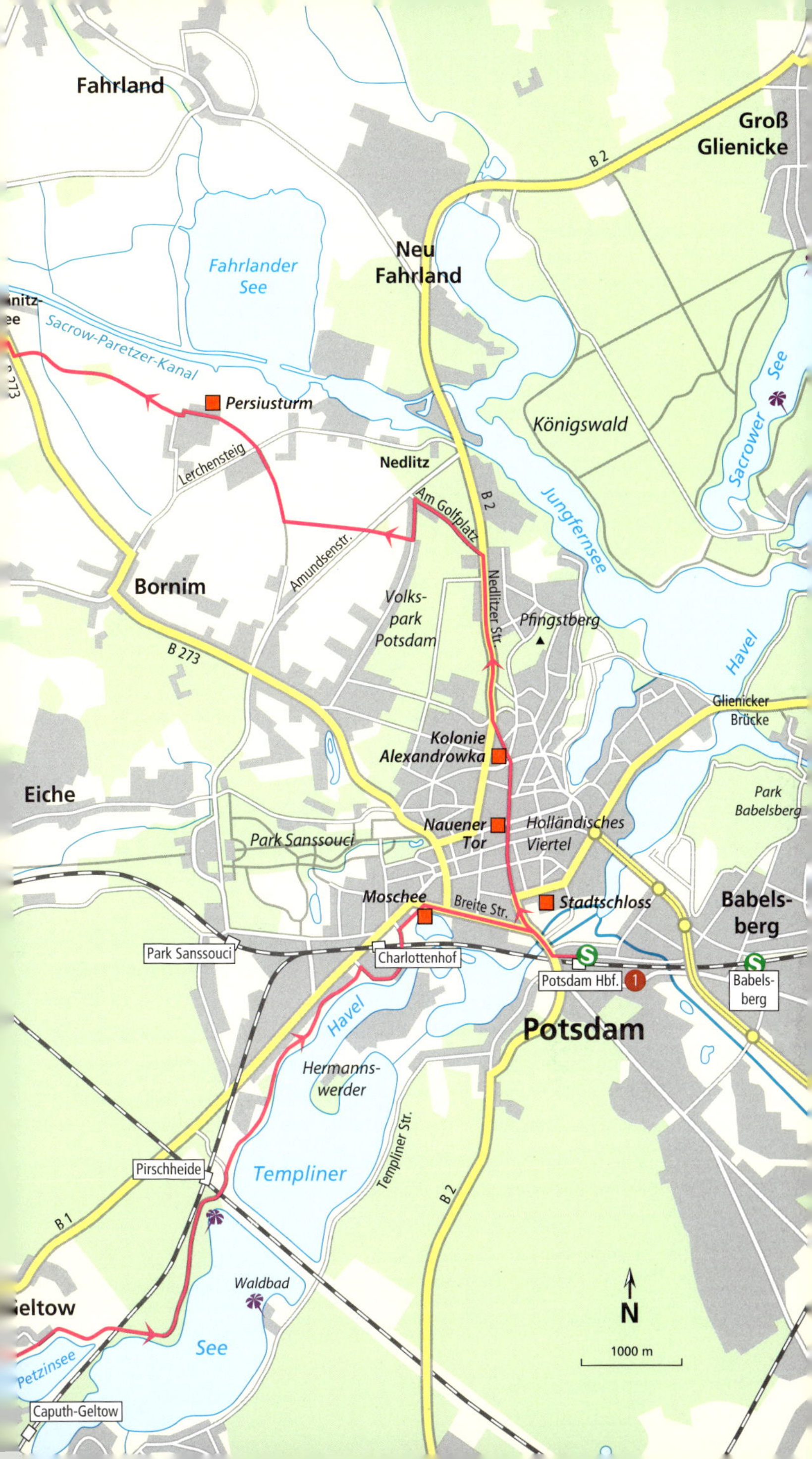
Fahrland
Groß Glienicke
B 2
Neu Fahrland
Fahrlander See
Sacrow-Paretzer-Kanal
B 273
Persiusturm
Königswald
Sacrower See
Lerchensteig
Nedlitz
Am Golfplatz
B 2
Jungfernsee
Amundsenstr.
Bornim
Volkspark Potsdam
Nedlitzer Str.
Pfingstberg
Havel
B 273
Glienicker Brücke
Kolonie Alexandrowka
Eiche
Park Babelsberg
Nauener Tor
Holländisches Viertel
Park Sanssouci
Moschee
Breite Str.
Stadtschloss
Babelsberg
Park Sanssouci
Charlottenhof
Potsdam Hbf.
1
Babelsberg
Havel
Potsdam
Hermannswerder
Templiner Str.
Pirschheide
Templiner
B 2
B 1
Waldbad
Geltow
N
See
1000 m
Petzinsee
Caputh-Geltow

Einkehren

Alter Krug · Marquardt
Gleich beim Schlosspark gibt es herzhafte Küche, auch im Biergarten.
Hauptstraße 2 · 14476 Potsdam, OT Marquardt · (03 32 08) 5 72 33 · www.krug-marquardt.de · Di–So 16–23, Fr–So/Fei ab 12 Uhr, im Winter eingeschränkte Öffnungszeiten

Lavendelhof · Marquardt
Direkt gegenüber lädt der Lavendelhof zu Kaffee, Kuchen und Pizza ein.
Hauptstraße 3 · (03 32 08) 2 21 87 · www.lavendelhof-marquardt.de · Di–So ab 14 Uhr, im Winter unregelmäßig

Restaurant & Café An der Fähre · Ketzin
Mit schönem Blick auf die Havel kann man sich hier vorzügliche Fischgerichte und märkische Küche schmecken lassen.
An der Fähre 1 · 14669 Ketzin · (03 32 33) 8 06 32 · www.an-der-faehre.de · tgl. 12–22 Uhr

Restaurant Arielle · Werder
Restaurant mit großer Terrasse am Wasser und eigener Fischräucherei.
Fischerstraße 33 · 14542 Werder · (0 33 27) 4 56 41 · www.fischrestaurant-arielle.de · Di–So ab 11.30 Uhr

km 0–2

Vom Bahnhof zur Siedlung Alexandrowka

Am **Potsdamer Hauptbahnhof** 1 *nimmt man den Ausgang Babelsberger Straße, hält sich links und fährt über die Lange Brücke ins Zentrum. Am* **Stadtschloss** *vorbei erreicht man die Friedrich-Ebert-Straße, die direkt am Holländischen Viertel und weiter durch das* **Nauener Tor** *zur* **Kolonie Alexandrowka** *führt.*

Die zum UNESCO-Welterbe gehörende Kolonie Alexandrowka besteht aus 13 russisch anmutenden Blockhäusern, die Friedrich Wilhelm III. um 1826 erbauen ließ, um seinem kurz zuvor verstorbenen Freund Zar Alexander ein bleibendes Denkmal zu setzen. Genau genommen sind es Fachwerkhäuser, die mit Holzbohlen, Balkonen und Schnitzwerk verziert wurden und in denen die Sänger unterkamen, die nach dem Sieg der preußischen und russischen Truppen über Napoleon als Geschenk des Zaren in preußischen Diensten blieben. Ein kleines Museum im Haus Nummer 2 gibt Einblicke in das frühere Leben in der Kolonie (Museum Alexandrowka · Alexandrowka 2 · www.alexandrowka.de · März Fr–So 10–18, Apr.–Okt. Do–Di 10–18 Uhr). Daneben lädt ein schönes Gartencafé zu russischen Spezialitäten ein.

Von der Alexandrowka-Siedlung zum Persiusturm

km 2–8,5

Geradeaus weiter erreicht man die Nedlitzer Straße, die in nördlicher Richtung stadtauswärts an ehemaligen Kasernen vorbeiführt. An der Viereckremise, einer Ampelkreuzung, zweigt links die Straße Am Golfplatz ab, die gleich wieder rechts an Siedlungshäusern vorbei in Richtung Nedlitz führt. Kaum hat man die Stadt verlassen, wird es ländlich. Felder, kleine Wälder und Wiesen voller Korn- und Mohnblumen wechseln einander in der Bornimer Feldflur ab. Kurz vor der Amundsenstraße biegt man links in die Straße Am Vogelherd ein und dann nach 300 Metern rechts in die Grenzallee, bis bald wieder rechts die Lindenallee abzweigt. Von schönen Blumen gesäumt, führt sie in weitem Bogen über den Lerchensteig hinweg am Astrophysischen Institut Potsdam vorbei, das Radiosignale aus dem Kosmos empfängt, zum eleganten **Persiusturm,** *benannt nach seinem Erbauer Friedrich Ludwig Persius.*

Exotik in Potsdam: die Kolonie Alexandrowka

Der Turm ist Relikt einer **Gutsanlage,** die der Baumeister zusammen mit dem preußischen Hofgärtner Hermann Sello um 1844 im Stil eines florentinischen Landhauses anlegte. Er diente dazu, die Arbeiter auf den umliegenden, zum Krongut Bornim gehörenden Feldern von oben zu überwachen.

Vom Persiusturm zum Schloss Marquardt

km 8,5–12,5

Auf einem Plattenweg und durch ein Waldstück geht es zur B 273. Hier hält man sich zunächst ein kleines Stück rechts, quert die Straße und fährt auf der linken Straßenseite beim Hinweisschild Schlänitzsee in den Königsdamm und weiter in die Marquardter Straße durch eine Gartenkolonie. An der Gabelung hält man sich links und fährt auf dem Schwarzen Weg weiter zum **Sacrow-Paretzer-Kanal.** *Hier geht es ein kleines Stück links am Wasser entlang bis zur Eisenbahnbrücke, über die man geradeaus weiter nach* **Marquardt** 2 *gelangt. Im Ort geht es hinter der Kirche links zum Park mit dem Schloss.*

Beliebte Filmkulisse: Fontanes „Spukschloss" am Schlänitzsee

Schloss Marquardt

An Schlössern herrscht in und um Potsdam wahrlich kein Mangel, doch keines ist wie Schloss Marquardt. Fontanes verwaistes Zauberschloss, wo der Putz von der Fassade bröckelt, umweht etwas Geheimnisvolles. König Friedrich Wilhelm II. soll sich hier mit Rosenkreuzlern zu spiritistischen Sitzungen in einer Blauen Grotte versammelt haben. Später wollen Dorfbewohner immer wieder das Gespenst der schwarzen Witwe eines der Schlossherrn gesehen haben. Ein ganzes Buch könnte man mit den wechselnden Besitzern füllen: adlige Gutsherren, Hofmarschälle, Generäle, Kommerzienräte, über die sich auch Fontane genüsslich ausgelassen hat. Um 1932 herum betrieb Kempinski in dem neobarocken Kolossalbau ein Luxushotel, später diente es als Lazarett, Unterkunft für Heimatvertriebene und Versuchsstation für Agrarbiologie. Und heute? Fungiert es gern als Kulisse, mal für Steven Spielbergs „Bridge of Spies" mit Tom Hanks, mal für sommerliche Hochzeiten. Dazu gesellt sich ein weitläufiger englischer Landschaftspark mit jahrhundertealten Baumriesen und einer idyllischen Badestelle am Schlänitzsee.

km

Von Marquardt nach Paretz

12,5–20,5 *Man verlässt das Dorf auf der Hauptstraße in nördlicher Richtung. An der B 273 geht es ein kurzes Stück auf dem linksseitigen Rad-*

weg an der Straße entlang, bis kurz vor der Autobahnausfahrt Potsdam-Nord links ein Weg nach **Uetz** *abzweigt. Über Uetz geht es auf ruhiger Landstraße durch eine Lindenallee und weiter an den Uetzer Wiesen vorbei, einer typischen Luchlandschaft mit beschaulichen Weiden, bis nach* **Paretz** ❸. *Dort zweigt links der Parkring ab, an dem gleich das Schloss liegt.*

Schloss Paretz

Jeder preußische König hatte sein Lieblingsschloss: Für Friedrich den Großen war es Sanssouci, für Friedrich Wilhelm II. das Marmorpalais. Für Friedrich Wilhelm III. und seine Gemahlin Luise aber war es Schloss Paretz. Fernab höfischer Etikette verbrachten sie hier alljährlich unbeschwerte Sommertage. Auf den ersten Blick wirkt der Landsitz im Havelland eher unscheinbar. „Nur immer denken, daß Sie für einen armen Gutsherrn bauen", lautete Fontane zufolge die Anweisung des Königs an seinen Oberbaurat David Gilly. Das war pures Understatement. Denn bei näherem Hinsehen entpuppt sich „Schloss Still-im-Land", wie es auch genannt wurde, als einmaliges klassizistisches Kleinod, das einen heute mit Originaltapeten, Möbeln, Gemälden und anderen Exponaten in die Zeit um 1800 zurückversetzt. Wie die gut gemachte Dauerausstellung zeigt, war das höfische Landleben damals durchaus stilvoll und keineswegs so rustikal, wie man es sich vielleicht vorstellen mag (Parkring 1 · 14669 Paretz/Ketzin · (03 32 33) 7 36 11 · www.spsg.de · Apr.–Okt. Di–So 10–17.30, Nov.-März Sa/So 10–16 Uhr).

Neben der **Dorfkirche** aus dem frühen 18. Jahrhundert mit Spitzbogenfenstern und Königsloge fügt das Schloss sich schön in die idyllische parkartige Mitte des Dorfes ein. Auch die **Dorfschmiede** im gotischen Stil hat überlebt – als Gasthaus mit hübscher Terrasse.

Von Paretz nach Werder

km 20,5–36

Vom Schloss fährt man weiter auf der Werderdammstraße auf holperigem Kopfsteinpflaster in Richtung Havel. Am Ende der Straße zweigt rechts ein Fahrradweg ab, der den Hinweisschildern zur Fähre folgend durch Gärten und an Siedlungshäusern und links an der Pferdekoppel vorbei als winziger Hohlweg nach **Ketzin** *führt. Noch bevor Ketzin erreicht ist, geht es links zum Fluss hinunter, wo* *einen die* **Fähre** *für wenig Geld samt Fahrrad auf die andere Seite bringt (Fähre Ketzin · Apr.–Sep. tgl. bis 20 Uhr, Okt.–März Mo–Fr bis 19, Sa/So bis 18 Uhr).*

Auf der anderen Uferseite zweigt links der gut ausgebaute **Havel-Radweg** *ab (der Ausschilderung Richtung Phöben folgen). Dies ist der landschaftlich reizvollste Abschnitt der Tour – auf der einen Seite mäandert der Fluss durch die weite Landschaft, auf der anderen Seite liegen Wiesen und Weiden, auf denen es sich allerlei Kühe gut gehen lassen. In* **Phöben** *biegt man von der Fährstraße links in die Hauptstraße ein und durchquert den Ort. Weiter geht es auf dem Radweg an der Phöbener Chaussee nach Werder. Wo sie nach rechts abknickt, biegt man links in einen Waldweg. Bald führt er rechtsherum und weiter auf die Straße An den Havelauen. Man durchquert ein Neubaugebiet, dann die neue Marina und radelt über den Kreisverkehr hinweg geradeaus weiter. Der Phöbener, später Eisenbahnstraße folgend gelangt man am Bahnhof und stattlichen Villen vorbei ins Zentrum von* **Werder** 4**.** *Um in die historische* **Altstadt** *auf der Insel zu gelangen, biegt man an der Brandenburger Straße links ab und fährt über die Brücke auf das idyllische Eiland.*

Die Altstadt von Werder

Die Blütenstadt Werder ist ein besonders liebenswertes Stück Havelland. Ursprünglich slawisches Fischerdorf, wurde hier in den letzten Jahrhunderten der Obst- und Weinanbau aufgrund des fruchtbaren Bodens immer bedeutender. Im Frühling verwandelt sich die Gegend in eine einzige blühende Pracht. Den denkmalgeschützten Stadtkern des Städtchens überragt die neugotische **Heilig-Geist-Kirche,** die im 19. Jahrhundert nach einem Entwurf von Friedrich August Stüler gebaut wurde und das ungewöhnliche barocke Ölgemälde „Christus als Apotheker“ beherbergt. Nicht weit davon entfernt steht das Wahrzeichen der Stadt, eine alte **Bockwindmühle** (Apr.–Okt. Mi 11–16, Sa/So 13–17 Uhr), die in vergangenen Jahrhunderten sicher nicht die einzige auf dem Mühlenberg in Werder war.

Ringsum säumen niedrige Obstbauer- und Fischerhäuser die kopfsteingepflasterten Straßen, in denen Künstler-Ateliers, Galerien und hübsche Cafés locken. Hier und da liegen noch die Netze der Fischer aus, die Luft ist vom Duft des beliebten Räucher-

Dicht am Wasser gebaut: die Inselstadt Werder

fischs geschwängert. Im ehemaligen Stadtgefängnis befindet sich ein **Obstbaumuseum** – alte Gerätschaften wie Kiepen und Körbe, aber auch Fotos dokumentieren die Geschichte der Obstkammer Berlins (Kirchstraße 6/7 · (0 33 27) 78 33 74 · Apr.–Okt. Mi 11–16, Sa/So 13–17 Uhr).

Von Werder nach Potsdam

km 36–51

Zurück an der Eisenbahnstraße radelt man auf der Potsdamer Straße und der Berliner Chaussee in südlicher Richtung aus der Stadt hinaus und links über die Brücke. Direkt am anderen Ende führt rechts ein Weg zum Havelufer hinunter, wo mit der Traditionsgaststätte Baumgartenbrück noch mal eine schöne Einkehrmöglichkeit besteht. Von hier folgt man am Wasser entlang der Ausschilderung nach **Potsdam.** *Über die Caputher Chaussee geht es am Petzinsee und Templiner See an Wassergrundstücken, Marinas und Lokalen vorbei ins Stadtzentrum. Unweit des wie eine* **Moschee** *gestalteten Dampfmaschinenhauses radelt man schließlich zwischen hohen Mietshäusern hindurch zur Breiten Straße und im großen Rechtsbogen zum Hauptbahnhof.*

Potsdam – Brandenburg an der Havel

10 Mit der Havel ins tausendjährige Brandenburg

Start	Ziel	Länge	Fahrzeit
Potsdam Hbf.	Brandenburg a. d. Havel Hbf.	59 km	ca. 4 Std.

„Stille deine Sehnsucht" lautet der Werbeslogan des Havellands. Und er passt zu dieser Etappe des Havelradwegs, der über 371 Kilometer den Fluss von der Mecklenburgischen Seenplatte bis zur Mündung in die Elbe begleitet. Angesichts der grünen und freundlichen Landschaft, wo der Blick in die Weite schweift, kommt die Seele tatsächlich zur Ruhe. Nach einem Zwischenstopp in Werder mit der historischen Inselstadt endet die Tour in Brandenburg an der Havel, wo sich heute Loriots Waldmöpse die Nase an der altehrwürdigen Bausubstanz plattdrücken.

Die vom Wasser umspülte „Wiege der Mark"

Infos zur Tour

Anfahrt
Potsdam Hbf.
(S7 alle 10 Min., ca. 40 Min. ab S-/U-Bhf. Friedrichstraße oder RE 1 alle 20 Min., ca. 30 Min. ab S-/U- Bhf. Friedrichstraße)

Rückfahrt
Brandenburg a. d. Havel Hbf.
(RE 1 nach Berlin Hbf., alle 30 Min., ca. 50 Min.)

Varianten
Die Tour lässt sich verkürzen, indem man sie erst in Werder beginnt.

Kombinationsmöglichkeiten
Die Tour lässt sich kombinieren mit der Tour 11 Brandenburg a. d. Havel – Rathenow.
In Potsdam starten außerdem die Touren 8 und 9.

Streckenverlauf
Potsdam – Geltow (Baumgartenbrück) – Werder – Phöben – Deetz – Götzer Berge – Gollwitz – Brandenburg an der Havel

Streckencharakteristik
Landschaftlich und kulturhistorisch sehr reizvolle Tour auf meist gut ausgebauten Radwegen, zum Teil straßenbegleitend.

Schwierigkeit
Einfach

Beschilderung
Havelradweg

Information
Tourismusverband Havelland
Theodor-Fontane-Straße 10 · 14641 Nauen, OT Ribbeck · (03 32 37) 85 90 30 · www.havelland-tourismus.de

Havelradweg
www.havelradweg.de

Fahrradverleih
Potsdam (▸ Tour 8, Seite 86)

Ladestationen
Potsdam
Radstation im Hbf. (Fahrrad-Parkhaus), Schließfächer mit Steckdosen, rund um die Uhr geöffnet
(▸ Tour 8, Seite 86)

Brandenburg
Ladeboxen der Stadtwerke · Fahrradabstellanlage West am Hauptbahnhof

Baden
Badestelle am Petzinsee

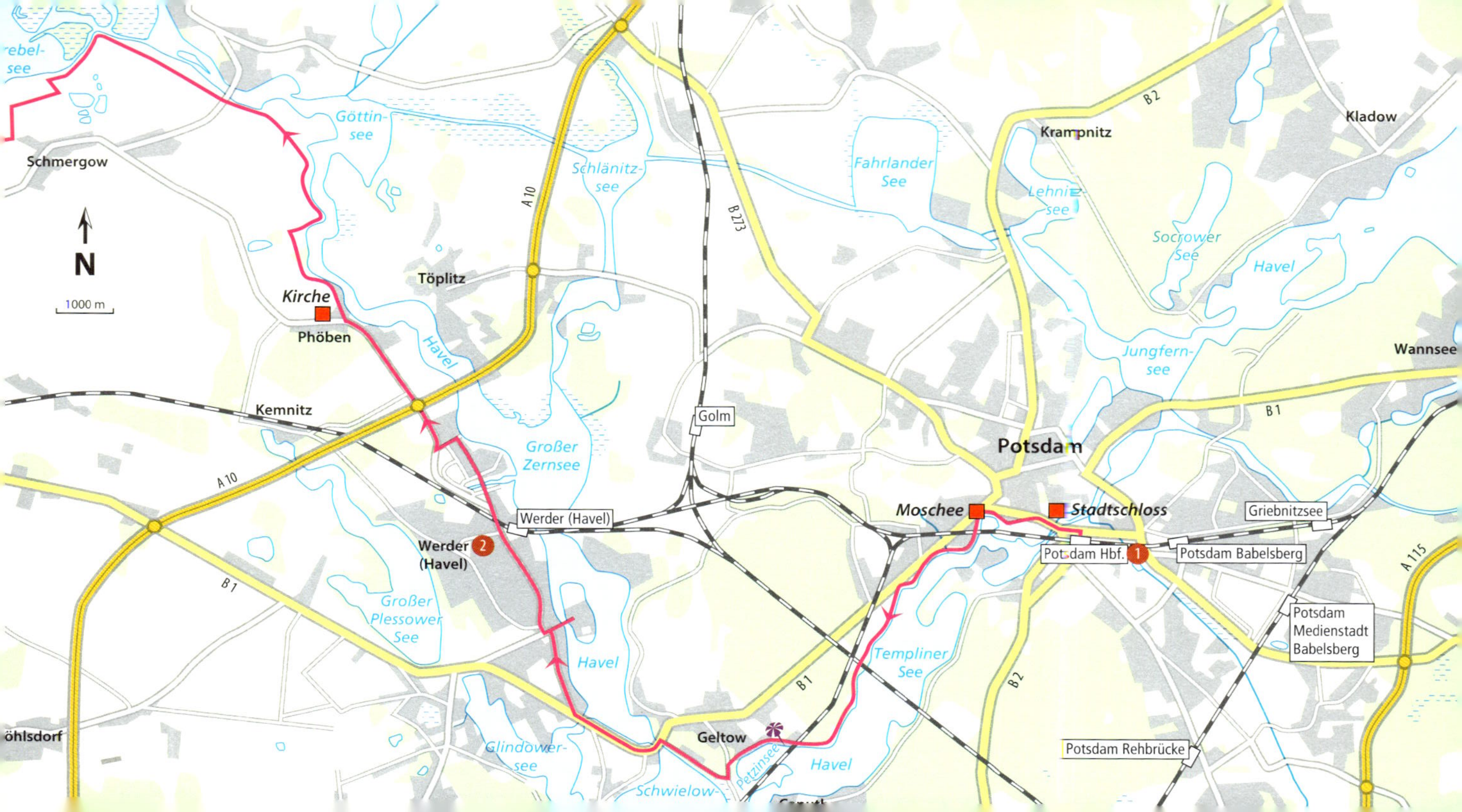
Schmergow
Göttinsee
N
1000 m
Kirche
Phöben
Töplitz
Havel
Kemnitz
A 10
Schlänitzsee
B 273
Golm
Großer Zernsee
Werder (Havel)
Werder (Havel)
2
Großer Plessower See
B 1
Havel
Glindowersee
Geltow
Petzinsee
Schwielow-
Fahrlander See
Krampnitz
Lehnitzsee
Potsdam
Moschee
Stadtschloss
Potsdam Hbf.
1
Templiner See
B 2
Potsdam Rehbrücke
Socrower See
Havel
Jungfernsee
B 1
Kladow
Wannsee
Griebnitzsee
Potsdam Babelsberg
A 115
Potsdam Medienstadt Babelsberg

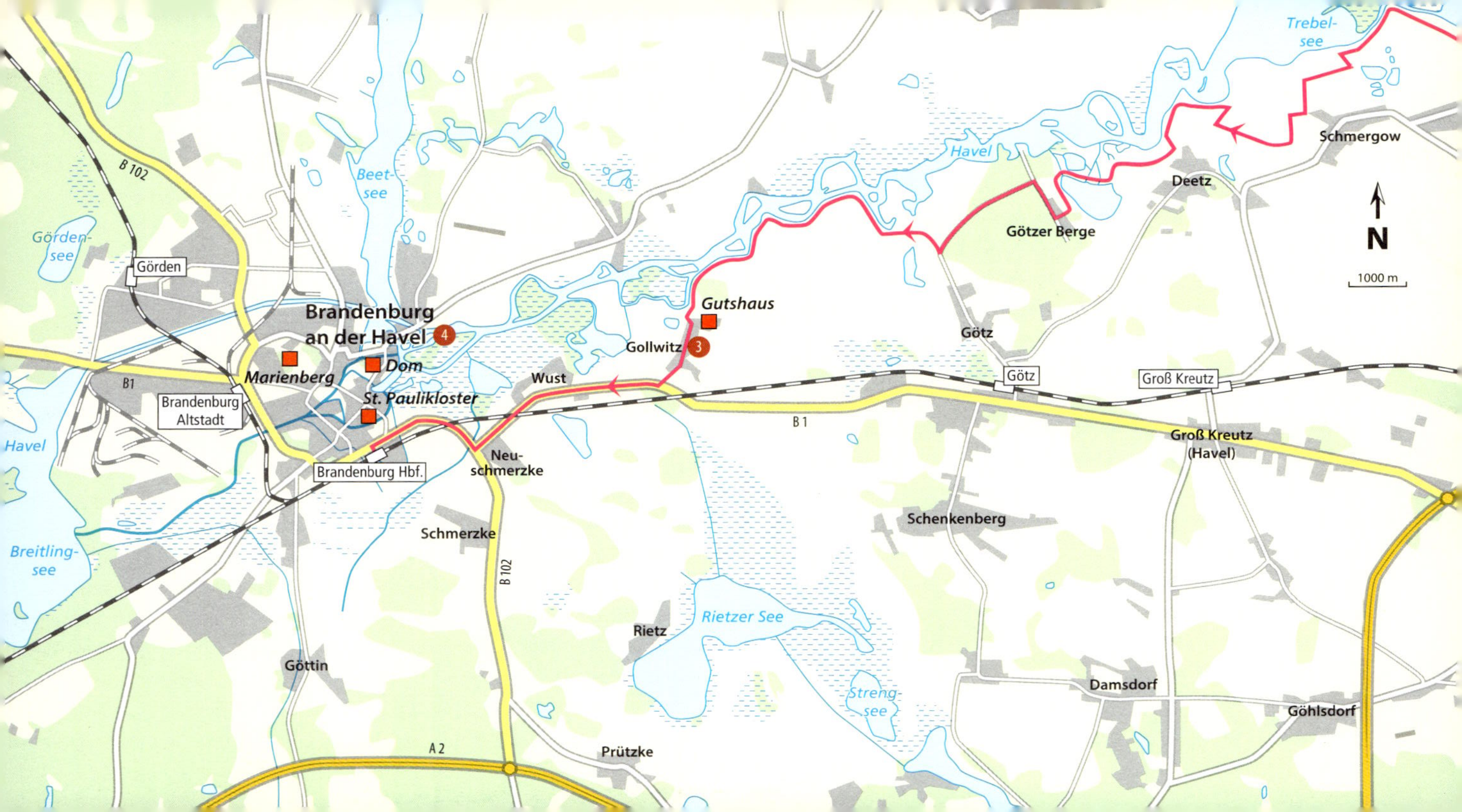

Trebel-
see
Schmergow
N
1000 m
Deetz
Havel
Götzer Berge
Gutshaus
Götz
Götz
Groß Kreutz
Brandenburg
an der Havel
4
Gollwitz
3
Beet-
see
Görden-
see
Görden
B 102
Marienberg
Dom
Wust
St. Paulikloster
B1
Brandenburg
Altstadt
Havel
Brandenburg Hbf.
Neu-
schmerzke
B 1
Groß Kreutz
(Havel)
Schenkenberg
Schmerzke
Breitling-
see
B 102
Rietzer See
Rietz
Göttin
Damsdorf
Streng-
see
Göhlsdorf
A 2
Prützke

Einkehren

Inspektorenhaus · Brandenburg/Havel
Im historischen Fachwerkhäuschen kann man sich nach der Tour mit opulenten Menüs mit kreativer regionaler Küche belohnen.
Altstädtischer Markt 9 · 14770 Brandenburg · (0 33 81) 3 28 21 39 · www.inspektorenhaus.de · tgl. außer Mo/So 17.30–23 Uhr, Fr/Sa/Fei zusätzlich 11.30–14.30 Uhr

Cafébar im Brückenhäuschen · Brandenburg/Havel
Genau das Richtige für eine Kaffeepause am Wasser ist dieser liebenswerte Ort an der Jahrtausendbrücke. Gehört zur Pension Havelfloß. DZ 89 €.
Ritterstraße 76 · 14770 Brandenburg · (0 33 81) 22 90 48 · www.pension-havelfloss.de · tgl. bis 18.30 Uhr geöffnet

Restaurant Werft · Brandenburg /Havel
Direkt am Havelufer lockt das Lokal mit großer Sonnenterrasse und origineller regionaler Küche.
Hauptstraße 77 · 14776 Brandenburg · (0 33 81) 3 28 17 99 · www.werft-brandenburg.de · Di Ruhetag, Mo/Mi/Do/Fr 17–22, Sa 12–22, So 12–18 Uhr, im Winter eingeschränkte Öffnungszeiten

km 0–15

Von Potsdam nach Werder

Im **Hauptbahnhof** 1 *nimmt man den Ausgang Babelsberger Straße, hält sich links und fährt auf der Langen Brücke Richtung Zentrum. Man radelt am Landtag im neu erbauten* **Stadtschloss** *vorbei und im Linksbogen weiter auf der Breiten Straße, bis man an den hohen Wohnhäusern bei der* **„Moschee“** *links zum Ufer des* **Templiner Sees** *hinabfährt. Vorbei an viel idyllischem Grün, Lokalen, kleinen Marinas, Segelschulen und zwei größeren Hotels geht es immer mit Blick aufs Wasser aus der Stadt hinaus. Hinter dem Campingplatz Sanssouci erreicht man den kleinen* **Petzinsee** *mit Badestelle und fährt am Ufer entlang, bevor man der Ausschilderung nach* **Geltow** *über die Caputher Chaussee bis zur Traditionsgaststätte Baumgartenbrück folgt. Gleich dahinter führt rechts eine Rampe auf die Havelbrücke hinauf. Man überquert die Brücke, fährt am Kreisverkehr rechts in Richtung* **Werder** 2, *bis nach etwa 1,5 Kilometern die Potsdamer Straße rechts ins Zentrum des Städtchens führt. Wer einen Abstecher in die historische Inselstadt machen möchte, die eine wirkliche Perle ist, biegt an der Straße Unter den Linden rechts ab und fährt über die Brücke auf die Insel* *(▸ Tour 9, Seite 102).*

Von Werder nach Brandenburg an der Havel

km 15–59

Ansonsten geht es links in die Brandenburger Straße und gleich wieder rechts auf der Eisenbahnstraße weiter, bis wenig später rechts die Adolf-Damaschke-Straße abzweigt. Sie führt am Bahnhof vorbei in die Kesselgrundstraße und gleich wieder rechts in die Phöbener Straße. Man überquert den Kreisverkehr und kommt immer geradeaus zur neuen Marina Havelauen. Der Weg führt über eine Brücke und mündet in eine ruhige Wohnstraße. An deren Ende folgt man dem Schotterweg durch ein Wäldchen. Wieder an der Landstraße angekommen, verläuft der Havelradweg nun bis Phöben als straßenbegleitender Radweg.

Wenn man den kleinen Ort **Phöben** *mit seiner* **Dorfkirche,** *einem freundlichen Saalbau von 1758, hinter sich gelassen hat, radelt man an der Havel entlang. Auf der einen Seite das träge Wasser, auf der anderen Wiesen, wo Kühe genüsslich Gras zermalmen – der Anblick der weiten Flusslandschaft ist Balsam für die Seele. Noch ruhiger und einsamer wird es, wenn man den Abzweig zur Fähre nach Ketzin passiert hat. Fast immer am Wasser entlang, nur mit einem kleinen Schlenker durch Felder geht es am Örtchen* **Deetz** *vorbei über* **Götzer Berge** *nach* **Gollwitz** 3.

Hier wartet eine schön restaurierte **Gutsanlage**. Das alte Schloss aus dem 17. Jahrhundert mit Barockgarten gehörte verschiedenen Adelsfamilien und wurde nach einem Brand 1929 neu errichtet. Heute wird das denkmalgeschützte Ensemble aus Gutshaus und Park von der Stiftung Begegnungsstätte Gollwitz genutzt.

Von hier radelt man auf einem straßenbegleitenden Radweg ein Stück an der B1 (Berliner Straße) und dem Ort **Wust** *entlang nach* **Neuschmerzke,** *wo der Havelradweg rechts weiter nach Brandenburg führt. Plötzlich ist es mit der Ruhe vorbei, es empfangen einen wieder die typischen, ernüchternden Gewerbeausläufer der Stadt. Doch die hat man bald vergessen, wenn man auf der Potsdamer Straße in einem weiten Bogen über den Stadtkanal*

Havelradweg bei Brandenburg im Frühsommer

Blick von der Jahrtausendbrücke, am linken Ufer liegt die Altstadt

hinweg und auf der Sankt-Annen-Straße ins Zentrum von **Brandenburg an der Havel** ❹ *radelt.*

Direkt zum nahen Hauptbahnhof kommt man, indem man nicht der Potsdamer Straße nach rechts Richtung Innenstadt folgt, sondern weiter geradeaus fährt. Doch sollte man es sich auf keinen Fall entgehen lassen, nach der stillen, einsamen Havellandschaft die altehrwürdige, vom Wasser umspülte „Wiege der Mark" zu erkunden.

Dazu folgt man der Potsdamer Straße nach rechts und erreicht über die St.-Annen-Brücke die sogenannte **Neustadt,** *einen der drei mittelalterlichen Stadtteile Brandenburgs. Fährt man hier geradeaus weiter, kommt man über die Jahrtausendbrücke in die* **Altstadt.** *Biegt man vorher am Neustädtischen Markt nach rechts, gelangt man über Molkenmarkt und Mühlendamm auf die verträumte* **Dominsel,** *die Keimzelle der über 1 000-jährigen Stadt.*

Brandenburg an der Havel

Wo sich die Havel in diverse Seitenarme und Kanäle verzweigt und mehrere Inseln hervorgebracht hat, legte 948 Otto I. auf der heutigen **Dominsel** den Grundstein für ein Bistum. 1165 entstand der Dom **St. Peter und Paul.** Als romanischer Backsteinbau begonnen und gotisch vollendet, gehört er zu den bedeutendsten Sakralbauten der Region. Kostbare Kunstschätze im Inneren sind der frühgotische Lehniner Flügelaltar, eine Triumphkreuzgruppe von 1539 und der böhmische Altar von 1375 im südlichen Querhaus. Im **Dommuseum** werden unter anderem die Gründungsurkunde des Bistums von 948, das Brandenburger Evangelistar aus dem 13. Jahrhundert und ein Hungertuch von 1290 aufbewahrt (www.dom-brandenburg.de · (0 33 81) 2 11 22 29 · Dom Apr.–Okt. bis 17, sonst bis 16 Uhr geöffnet, Museum nur Apr.–Okt.).

Schön anzusehen ist auch die von Efeu überwachsene, benachbarte **Petrikapelle,** ein frühgotischer Backsteinbau von 1230.

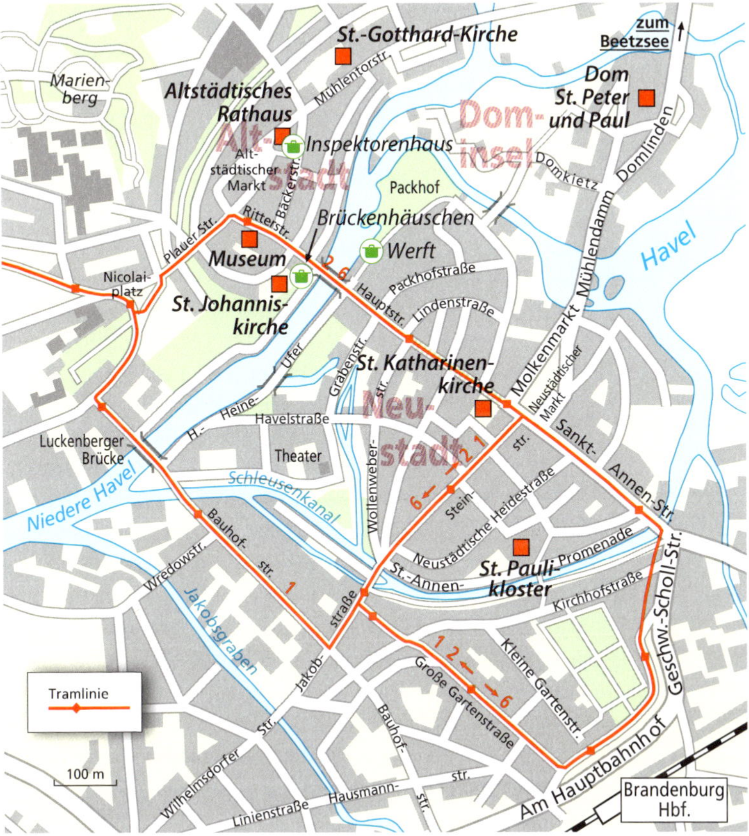

Hommage an Loriot: vorwitziger Waldmops

Die eigentliche **Altstadt** liegt westlich von der Dominsel. Den Kern bildet der **Altstädtische Markt** mit dem spätgotischen **Rathaus**, das von einem fünf Meter großen **Roland** bewacht wird. Nicht weit davon entfernt hat die Pfarrkirche **St. Gotthard,** eine dreischiffige Backsteinbasilika mit romanischem Feldsteinportal, die Zeit seit dem 12. Jahrhundert überdauert (Mühlentorstraße 56).

Die **Jahrtausendbrücke,** wo Cafés mit Liegestühlen und ein Kanuverleih zur Pause am Wasser einladen und die Ruine der gotischen **St. Johanniskirche** am Flussufer grüßt, führt in die **Neustadt.** Der Name mag verwirren, denn auch sie ist mittelalterlichen Ursprungs. Viele Geschäfte und Lokale säumen die Ritterstraße. Wer will, kann hier einen Blick in das **Stadtmuseum** im barocken Stadtpalais (Frey-Haus) werfen. Funde aus der Steinzeit treffen hier auf alte Grammophone oder metallene Lockenwickler, die einst in Brandenburg hergestellt wurden. Zu den Exponaten gehört auch das Katte-Schwert, mit dem der Soldatenkönig den besten Freund seines Sohnes, des späteren Friedrich II., hinrichten ließ (Ritterstraße 96 · (0 33 81) 58 54 01 · Di–So/Fei 13–17 Uhr).

Ein Stück weiter lässt das **Archäologische Landesmuseum** im mittelalterlichen **St. Paulikloster** die 130 000-jährige Kulturgeschichte der Region Revue passieren (Neustädtische Heidestraße 28 · (0 33 81) 4 10 41 12 · www.landesmuseum-brandenburg.de · Di–So 10–17 Uhr).

Wer die Augen offen hält, wird unterwegs immer wieder kleine Bronzefiguren entdecken, die sich mal am Marktbrunnen hochrecken, mal ganz ungeniert ihr Beinchen heben, um sich an einem Stein zu erleichtern. Geschaffen wurden die „Waldmops"-Skulpturen von der Bildhauerin Clara Walter. Sie sind eine Hommage an Vicco von Bülow alias Loriot, den berühmtesten Sohn der Stadt. Der Humorist, von dem der Ausspruch stammt: „Ein Leben ohne Mops ist möglich, aber sinnlos", hatte sich nach der Wende stark für die Restaurierung seiner Heimatstadt eingesetzt.

Brandenburg a. d. Havel – Rathenow

Um sieben Seen in die Stadt der Optik 11

Start	Ziel	Länge	Fahrzeit
Brandenburg a. d. Havel Hbf.	Bhf. Rathenow	60 km	ca. 4 Std.

Sieben Seen auf einen Streich kann man auf dieser Tour umrunden. Dabei gibt es mehr zu sehen als nur jede Menge Wasser. Nach den mittelalterlichen Bauten der Stadt Brandenburg/Havel gibt es in Kirchmöser einzigartige Industriedenkmäler zu entdecken. In Plaue erwartet den Besucher ein Barockschloss inmitten einer verwunschenen Parkanlage und eine innovative Gartenstadt vom Anfang des 20. Jahrhunderts. Anschließend folgt man der Havel durch ein einsames Stück Havelland über das Künstlerdorf Bahnitz nach Rathenow. Hier erinnert der idyllische Optikpark, der auf dem Gelände der Landesgartenschau von 2006 entstand, an die bedeutende Industriegeschichte der Stadt.

Schönes Entrée in die Stadt Rathenow

Infos zur Tour

Anfahrt
Hauptbahnhof Brandenburg a. d. Havel (alle 30 Min. mit RE 1 von Berlin Hbf., ca. 46 Min.)

Rückfahrt
Bahnhof Rathenow (RE 4, alle 60 Min., ca. 55 Min. bis Berlin Hbf.)

Varianten
Die Tour lässt sich an mehreren Stellen auch als Rundtour um die Stadt Brandenburg gestalten. Dazu kann man von Plaue aus rechts auf der Magdeburger Landstraße ins Zentrum zurückfahren.

Kombinationsmöglichkeiten
Die Tour ist kombinierbar mit der Tour 10 von Potsdam nach Brandenburg a.d. Havel.

Streckenverlauf
Brandenburg/Havel – Kirchmöser – Plaue – Briest – Havelsee – Fähre nach Pritzerbe – Bahnitz – Jerchel – Milow – Bützer – Böhne – Rathenow

Streckencharakteristik
Landschaftlich sehr attraktive Tour auf befestigten, teils asphaltierten Wald- und/oder straßenbegleitenden Fahrradwegen, zwischen Plaue und Pritzerbe Landstraße

Schwierigkeit
Einfach

Beschilderung
u. a. Havelradweg, Tour Brandenburg

Information
Tourismusverband Havelland
Theodor-Fontane-Straße 10 · 14641 Nauen, OT Ribbeck · (03 32 37) 85 90 30 · www.havelland-tourismus.de

Ladestationen
Brandenburg/Havel
Am Bahnhof (▸ Tour 10, Seite 105)

Baden
Badestellen am Breitlings- und anderen Seen sowie an der Havel, z. B. bei Bahnitz

Von Brandenburg nach Kirchmöser

km 0–14,5

Startpunkt ist der **Hauptbahnhof** 1 *von Brandenburg/Havel. Von hier aus radelt man auf der Bauhofstraße zur Jakobstraße, wo man auf den ausgeschilderten* **Havelradweg** *trifft. Dann geht es links weiter in Richtung* **Wilhelmsdorf** *und auf der Wilhelmsdorfer Straße (L 93, mit Radweg) an der Bahnlinie links aus der Stadt hinaus, bis einen der rechts abzweigende Schmöllner Weg nach Kleingärten und kleinen Kiefernwäldern zum ersten Gewässer bringt: dem* **Breitlingsee.** *Nach einer spitzen Linkskehre geht es hier am Seeufer weiter. Neben dem Radweg liegt ein Stück Strand, dahinter ein paar kleine Inseln, ansonsten säumen Bootshäfen, Kanuvereine und Ausflugslokale die Ufer. Besonders schön liegt das Gasthaus Malge mit seiner großen Terrasse am Wasser. Von hier aus geht es etwa sechs Kilometer am Breitlingsee entlang, der schließlich in den* **Möserschen See** *übergeht. Wenig später trifft man auf die Industrieroute durch* **Kirchmöser** 2, *wo man auf dem Uferweg um den* **Heiligen See** *herumfährt.*

Kirchmöser

Die unscheinbare Ortschaft überrascht gleich mit mehreren **Industrieanlagen.** Zu Beginn des Ersten Weltkriegs wurde hier ein Pulverpresswerk gebaut, später kamen eine chemische Versuchsanstalt, ein Lokomotiv- und Panzerwerk hinzu. Besonders impo-

Immer wieder laden idyllische Plätze am Wasser zur Verschnaufpause ein

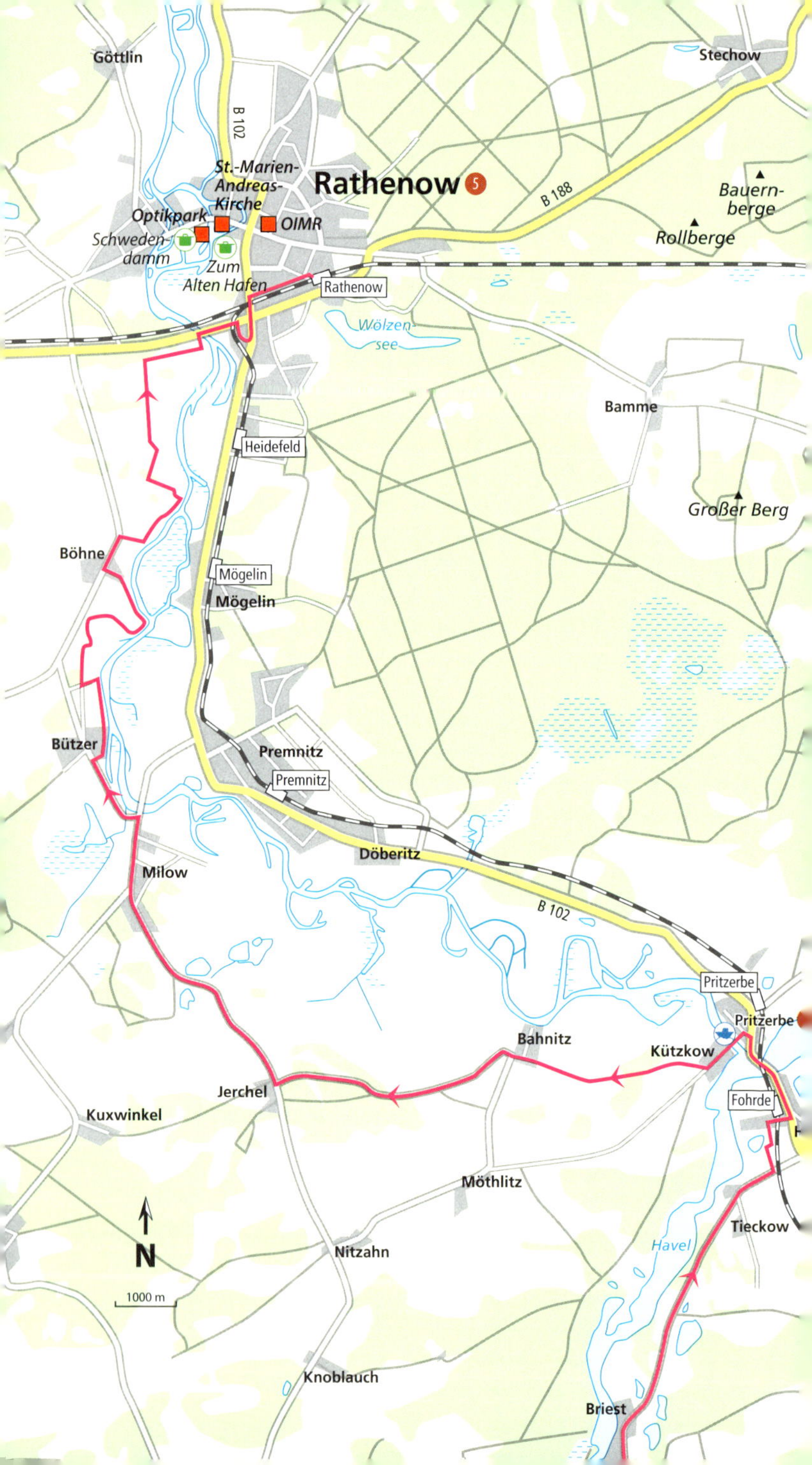
Göttlin
Stechow
B 102
St.-Marien-Andreas-Kirche
Rathenow
5
B 188
Bauern-berge
Rollberge
Optikpark
OIMR
Schweden-damm
Zum Alten Hafen
Rathenow
Wölzen-see
Bamme
Heidefeld
Großer Berg
Böhne
Mögelin
Mögelin
Bützer
Premnitz
Premnitz
Milow
Döberitz
B 102
Pritzerbe
Pritzerbe
Bahnitz
Kützkow
Jerchel
Fohrde
Kuxwinkel
Möthlitz
Tieckow
N
Havel
Nitzahn
1000 m
Knoblauch
Briest

N
1000 m
B 102
Marzahne
Pritzerbe
Pritzerbe
4
Pritzerber See
Hohenferchesar
Bahnitz
Kützkow
Fohrde
Havelsee
Schwarzer Berg
Rade-wege
Tieckow
Havel
Brielow
Briest
B102
Beetz-see
Gördensee
Görden
Brandenburg an der Havel
Havel
B 1
Gartenstadt
Plaue
3
Schloss
Parduin
Schloss-park
Havel
Brandenburg Altstadt
Plauer See
1
Brandenburg an der Havel
Wasserturm
Kirchmöser
2
Breitlingsee
Heiliger See
Kirchmöser
Möserscher See
Wilhelms-dorf
Göttin
A 2
Reckahn

Einkehren

Restaurant Parduin im Sorat-Hotel · Brandenburg/Havel
Das Restaurant lockt mit guter Küche und schöner Gartenterrasse. Wer vorweg in Brandenburg übernachten will, kommt in dem Vier-Sterne-Hotel mit Fahrradverleih wunderbar unter.
Altstädtischer Markt 1 · 14770 Brandenburg/Havel · (0 33 81) 59 70 · www.sorat-hotels.com · Restaurant Mo–Sa ab 17 Uhr, DZ ab 70 €

Schloss Plaue
Neben Kaffee und Kuchen gibt es hier auch Salate, Flammkuchen, Fisch- und Fleischgerichte.
Schlossstraße 27a · (0 33 81) 3 06 23 62 · www.schlossplaue.de · Apr.–Okt. tgl. 7–21, Sonntagsbrunch 10–14 Uhr

Gasthaus Zum Alten Hafen · Rathenow
An der Stadtschleuse, mit Biergarten und gutbürgerlicher Küche.
Am Alten Hafen 1 · 14712 Rathenow · (0 33 85) 4 99 27 27 · www.zum-alten-hafen.de · Mo ab 17.30, Di–So ab 11.30 Uhr

Havelrestaurant Schwedendamm · Rathenow
Kaminzimmer oder große Terrasse am Wasser: Die frische, mediterran angehauchte Küche schlägt den Bogen vom Havelländischen Fischtopf bis zur Pizza.
Schwedendamm 7 · 14712 Rathenow · (0 33 85) 51 54 56 · www.havelrestaurant-schwedendamm.com · Di 17–22, Mi–Fr 11.30–14, 17–22, Sa/So 11.30–22 Uhr

santes Relikt jener Zeit ist der 65 Meter hohe **Wasserturm.** Dazu gesellt sich eine originelle 1920er-Jahre-Siedlung mit einigen repräsentativen Verwaltungs- und Wohngebäuden. Hier und da laden auch einige Lokale am Wasser zu lokalen Fischspezialitäten oder Erfrischungen ein.

km 14,5–20

Von Kirchmöser zum Plauer Schloss

Am nördlichen Siedlungsende überquert man auf der Brücke den Elbe-Havel-Kanal, lässt den **Wendsee** *links liegen und biegt gleich nach der Brücke rechts in den Schlosspark des 800 Jahre alte Örtchens* **Plaue** 3 *ab.*

Plaue

Der wunderbare, knapp 20 Hektar große **Schlosspark** empfängt einen mit einigen architektonischen Raffinessen. Unter anderem begegnet man hier auch dem Wanderer Theodor Fontane mit Spazierstock – das Denkmal erinnert daran, dass der Dichter den Ort ausführlich in seinen „Wanderungen durch die Mark Brandenburg" beschrieb. Nicht zu übersehen ist schließlich das **Schloss Plaue,** ein stolzer Barockbau, der sich im Wasser des Plauer Sees spiegelt. Der preußische Minister Friedrich von Görne ließ es im 18. Jahrhundert auf den Resten einer mittelalterlichen Burg errichten. Im Zweiten Weltkrieg schwer zerstört und notdürftig instandgesetzt, wurde es inzwischen soweit saniert, dass man sich hier im Café-Restaurant mit schöner Terrasse im Innenhof oder an der Havel Flammkuchen und anderes schmecken lassen kann.

Abstecher in die Gartenstadt Plaue

Nördlich von der B 1, die Plaue durchschneidet, vesteckt sich ein weiteres architektonisches Kleinod. Zu erreichen ist die Gartenstadt, indem man vom Schloss aus auf der Schlossstraße zur Genthiner Straße und diese links hinunter fährt. Am Kreisverkehr geht es rechts in den Görneweg. Er führt über die B1 (Plauer Landstraße) hinweg und nach einer Rechts- und einer Linkskurve über den Patendamm in die Gartenstadt.

Die stille **Gartenstadt Plaue,** 1916 von dem Architekten Paul Schmitthenner entworfen, lohnt den kleinen Abstecher. Die Siedlung mit hübschen eingeschossigen Häusern samt Dreiecksgiebeln und Fledermausgauben ist ein schönes Beispiel für innovatives, naturnahes Wohnen.

Die Alte Plauer Brücke ist nur noch für Radler und Fußgänger offen

km 20–60 Von Plaue nach Rathenow

Zurück am Schloss überquert man nun rechts auf der **Alten Plauer Brücke** *die Havel und erreicht auf der Plauer Landstraße die B 1, wo kurz darauf links der Havelradweg nach Briest abzweigt. Entlang der Landstraße, die hier Briester Weg heißt, kommt man in den ruhigen Ort* **Briest,** *Bänke am Havelufer laden zur Rast ein. Weiter auf der L 926 gelangt man durch Felder und Wiesen über* **Tieckow** *nach* **Havelsee** *und über die Brücke nach* **Pritzerbe** **4**, *einem der ältesten Orte Brandenburgs, wo die St. Marienkirche Häuser und Wasserlandschaft überragt. Von hier aus setzt man mit der Fähre (tgl. bis 22.30, im Sommer Sa bis 24 Uhr) über nach* **Kützkow,** *wo der Havelradweg in westlicher Richtung weiterverläuft. Bald darauf erreicht man* **Bahnitz** *im Milower Land. In dem hübschen Ort mit Schleusen, einer schönen Naturbadestelle an der Havel und einer originellen Kirche haben sich mehrere Künstler angesiedelt und laden mitunter auch zu Ausstellungen ein.*

Danach schlängelt sich der Weg über **Jerchel, Milow** *(hier dem Havelradweg links in die Stremmestraße folgen),* **Bützer** *und* **Böhne** *mal näher, mal ferner an der Havel entlang mit einigen netten Picknickplätzen in Richtung* **Rathenow** **5.** *In Sichtweite der Stadt fährt man erst rechts, dann links auf die B 188 und verlässt hier den Havelradweg. Auf der Bundesstraße überquert man nun die Havel mit schönem Blick auf die idyllische Flusslandschaft. Immer geradeaus geht es zum Bahnhof, wobei man am Grünauer Weg die Unterführung nutzen muss, um auf die richtige Seite der Gleise zu kommen.*

Rathenow

In Rathenow hat man das Gefühl, weit weg von der Hauptstadt zu sein und gerade im Vergleich mit Brandenburg/Havel verbreitet die im Zweiten Weltkrieg stark zerstörte Stadt auf den ersten Blick nur wenig Charme. Dafür hat sie es durchaus zu einigem Ruhm gebracht. Als „Wiege der Optik“ gilt sie, nachdem Pfarrer Johann Heinrich August Duncker hier 1801 eine Linsen-Vielschleifmaschine erfand und damit die industrielle Fertigung von Brillengläsern begründete. Daran erinnert heute das **Optik-Industrie-Museum (OIMR)** im Kulturzentrum (Märkischer Platz 3 · (0 33 85) 51 90 30 · www.oimr.de · im Winter Mo geschlossen).

Ansonsten schlägt das alte Herz der Stadt nur noch auf der kleinen **Altstadtinsel.** Hier haben sich rund um die St.-Marien-

Die alte Industriestadt birgt noch manch lauschige Ecke

Andreas-Kirche vor mehr als 800 Jahren die ersten Bewohner angesiedelt, hier stehen jahrhundertealte Gebäude wie das Geburtshaus von Pfarrer Duncker. Ursprünglich als romanische Pfeilerbasilika errichtet, wurde die **St.-Marien-Andreas-Kirche** im 16. Jahrhundert zur gotischen Hallenkirche ausgebaut. Nachdem sie im Zweiten Weltkrieg in Flammen aufging, ist sie heute wieder vollständig hergerichtet, besonders sehenswert im Inneren sind der mittelalterliche Flügelaltar und der spätromanische Abendmahlskelch. Vor allem aber lohnt es, die rund 250 Stufen auf den Turm hinaufzusteigen, um von oben den Blick über die Umgebung mit den vielen Wasserläufen schweifen zu lassen.

Weitere Attraktion ist der **Optikpark Rathenow,** Relikt der Landes- und Bundegartenschauen von 2006 und 2015, die die Schwedendamminsel zwischen Havelarm und Seen in einen großen Garten verwandelten. Inmitten von viel Grün und Wasser lockt hier der Erlebnispfad Optik mit Prismen-Wasserspielen, einer begehbaren Weltzeituhr und dem weltgrößten Brachymedial-Fernrohr (Schwedendamm 1 · (0 33 85) 4 98 50 · www.optikpark-rathenow.de · Mai–Sep. 9–18 Uhr, sonst abweichende Öffnungszeiten).

12 Glöwen – Wittenberge

Wo sich Havel und Elbe vermählen

Start	Ziel	Länge	Fahrzeit
Bhf. Glöwen	Bhf. Witteberge	49 km	ca. 4,5 Std.

Einen besonders schönen Ausschnitt der weiten, flachen Prignitzlandschaft bekommt man auf dieser Etappe des Havel- und Elberadwegs zu sehen. Erst folgt man der Havel bis zu ihrer Mündung in die Elbe, dann der Elbe nach Wittenberge. Höhepunkt der Tour ist der Zusammenfluss beider Gewässer bei Gnevsdorf. Ganz in der Nähe, im Storchendorf Rühstädt, klappern im Frühsommer die Adebare in unzähligen Nestern. Ansonsten bildet die stille, unaufgeregte Auenlandschaft einen reizvollen Kontrast zu zwei bedeutenden Städten am Weg: Während die tausendjährige Hansestadt Havelberg mit ihrem Dom ganz mittelalterlich geprägt ist, reihen sich in Wittenberge Denkmäler der jüngeren Industriegeschichte aneinander.

Mehr Schafe als Menschen bevölkern die Flusslandschaft

Infos zur Tour

Anfahrt
Bahnhof Glöwen (RE 2 stdl. ab Berlin Hbf., ca. 75 Min.)

Rückfahrt
Bahnhof Wittenberge (RE 2 stdl., ca. 90 Minuten nach Berlin Hbf.)

Streckenverlauf
Glöwen – Havelberg – (über Elberadweg: Toppel – Nitzow – Quitzöbel) – Abbendorf – Gnevsdorf – Rühstädt – Bälow – Hinzdorf – Wittenberge

Streckencharakteristik
Landschaftlich sehr reizvolle Strecke auf meist gut ausgebauten, asphaltierten Radwegen und kurzen Abschnitten auf oder entlang von Landstraßen

Schwierigkeit
Einfach

Beschilderung
Ab Havelberg durchgängig Havelradweg (aber voraussichtlich bis 2022 Umleitung über Elberadweg), ab Gnevsdorf auch Elberadweg (Ausnahme: der Schlenker nach Rühstädt)

Kombinationsmöglichkeiten
Der Havelradweg verbindet Rathenow mit Havelberg (ca. 50 Kilometer). Insofern lässt sich die Etappe mit der Tour 11 von Brandenburg nach Rathenow kombinieren, wenn man diese Zwischenetappe einschiebt.

Information
Tourismusverband Prignitz
Großer Markt 4 · 19348 Perleberg · (0 38 76) 30 74 19 20 · www.dieprignitz.de

Fahrradverleih
Fahrradhaus Hubeny
Pritzwalker Straße 43 · 39539 Havelberg · (03 03 98) 8 87 97 · www.fahrradhaus-hubeny.de · im Sommer Mo–Fr 9–12.30 und 14–18, Sa 9–12 Uhr

Fahrrad Raugsch
Am Stern 3 · 19322 Wittenberge · (0 38 77) 9 57 48 26 · www.fahrrad-raugsch.de · Mo–Fr 9–18, Sa 9–14 Uhr

Ladestationen
Rühstädt
im NABU-Besucherzentrum im Storchendorf · Neuhausstraße 9 (▸ Seite 129)

Bälow
Radlercafé im Ferienhof Zander · Bälower Dorfstraße 11 · (03 87 91) 67 52 (▸ Seite 126)

Wittenberge
Friedrich-Ebert-Straße (Marktplatz) · Ladestation der Stadtwerke

Baden
Zwar ist das Baden in der Elbe nicht verboten und z. B. am Kanurastplatz bei Rühstädt möglich, doch ist davon aufgrund der starken Strömung dringend abzuraten.

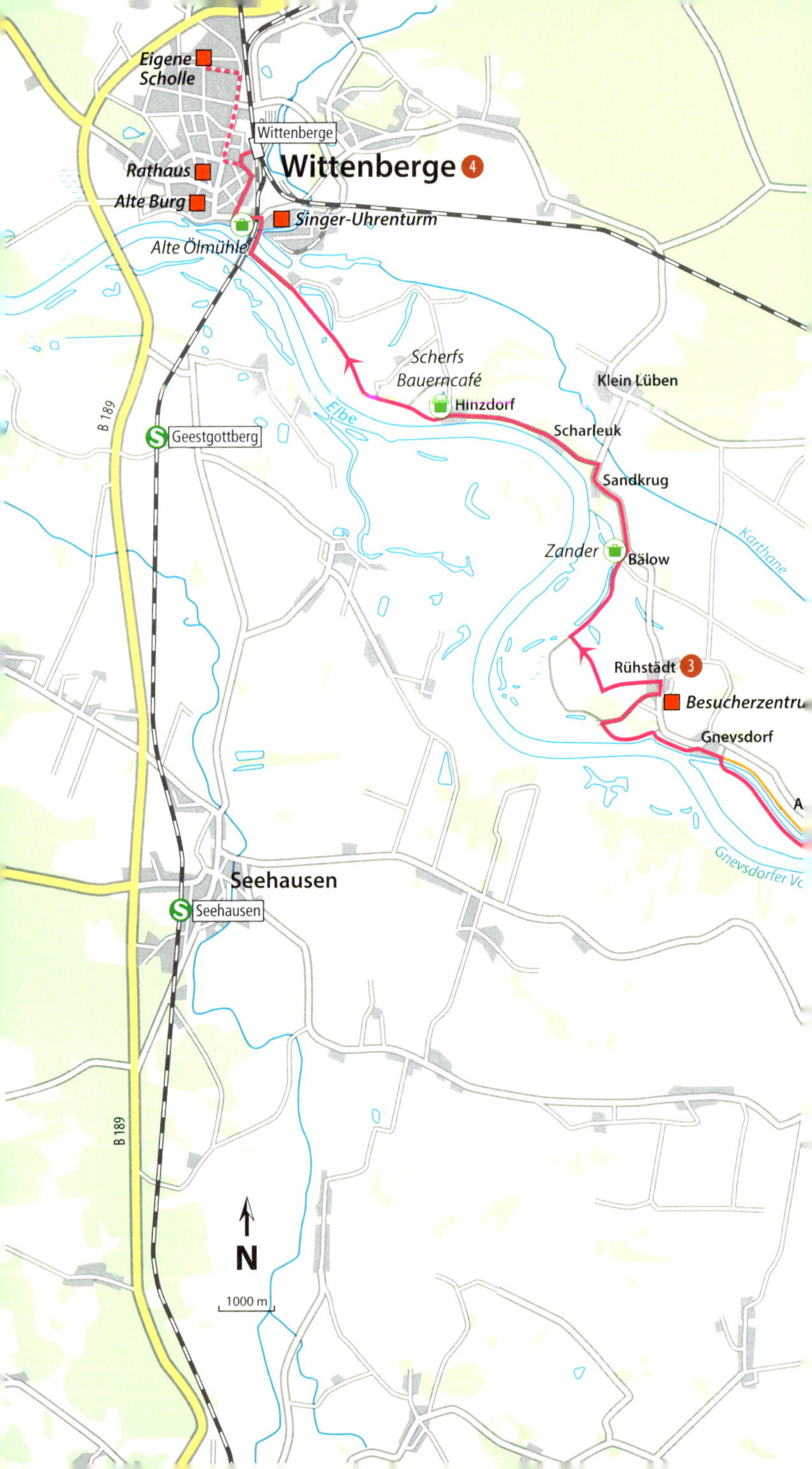

Eigene Scholle
Wittenberge
Wittenberge 4
Rathaus
Alte Burg
Singer-Uhrenturm
Alte Ölmühle
Scherfs Bauerncafé
Hinzdorf
Klein Lüben
Elbe
Scharleuk
Sandkrug
Zander
Bälow
Karthane
Rühstädt 3
Besucherzentru
Gnevsdorf
Gnevsdorfer Vo
B 189
Geestgottberg
Seehausen
Seehausen
N
1000 m

B5
Bad Wilsnack
Bad Wilsnack
B 107
Glöwen
Glöwen
1
Quitzöbel
Elberadweg
Schloss
Havel
Elbe
Nitzow
Dahlen
Werben (Elbe)
B 107
Toppel
Elberadweg
Räbel
Havelberg
2
Dom
Bilderbuchcafé
Havel

Einkehren

Das Bilderbuchcafé · Havelberg
In der historischen Altstadt lockt das nette Café mit Terrasse, Eismanufaktur, Kaffeespezialitäten und kleinen, auch vegetarischen Speisen.
Markt 7 · 39539 Havelberg · (03 93 87) 59 25 55 · www.dasbilderbuchcafe.de · Mi–Mo 9–18 Uhr

Ferienhof Zander · Bälow
Das Radler-Café im Ferienhof lädt zu schwäbischem Käsekuchen und ländlichem Mittagstisch ein.
Bälower Dorfstr. 11 · 19322 Rühstädt, OT Bälow · (03 87 91) 67 52 · Apr.–Okt.

Scherfs Bauerncafé · Hinzdorf
Sehr nettes Café im großen Garten mit üppig blühendem Flieder.
Dorfstraße 6 · 19322 Hinzdorf · (0 38 77) 56 15 65 · Apr.–Okt. 10–18 Uhr

Alte Ölmühle Wittenberge
Das denkmalgeschützte, aufwendig sanierte Areal der Alten Ölmühle lockt mit Schaubrennerei, Restaurant, Strandbar, Hotel und Spa ans Elbufer.
Bad-Wilsnacker-Straße 52 · 19322 Wittenberge · (0 38 77) 5 67 99 46 00 · www.oelmuehle-wittenberge.de · tgl. ab 11.30 Uhr

km 0–9

Von Glöwen nach Havelberg

Vom Bahnhof **Glöwen** ❶ *geht es durch den Fahrradtunnel am Bahnhof und dann 9 Kilometer in südlicher Richtung auf einem Radweg entlang der B 107 immer geradeaus in Richtung* **Havelberg** ❷. *Man fährt erst durch Kiefernwald, dann durch Wiesen- und Weidelandschaft, bis die erste Tankstelle und die obligatorischen Supermärkte auftauchen. Kommt man auf der Pritzwalker Straße in die Stadt, führt links die Lindenstraße zum höher gelegenen* **Dombezirk,** *während geradezu auf der anderen Seite des Stadtkanals die beschauliche historische Altstadt auf einer Havelinsel liegt.*

Havelberg

Die tausendjährige Hansestadt Havelberg ist der kulturhistorische Höhepunkt der Tour. Sie beeindruckt mit monumentalen Sakralbauten und bezaubert zugleich durch ihre idyllische Lage. Mehrere Havelarme umschließen die **historische Altstadtinsel** mit ihren roten Dächern, darüber thront auf dem Bischofsberg der 850 Jahre alte **Dom St. Marien**. 1170 wurde er als romanische Basilika geweiht, nachdem etwa 30 Jahre zuvor das bereits 948 erstmals erwähnte Bistum Havelberg von den Deutschen aus slawischer Hand zurückerobert worden war. Er ist Bestandteil einer der wenigen erhaltenen mittelalterlichen Klosteranlagen in Norddeutschland. Hinter der mächtigen, schmucklosen und geradezu schroff wirkenden Westfassade überrascht das Innere mit schönen Glasmalereien, farbigen Reliefs, kunstvollem Chorgestühl und dem Paradiessaal (Mi–So 10–12 und 13–18, Winter bis 17 Uhr).

Gleich daneben rollt das **Prignitzmuseum** im Bischofssaal, Kornspeicher und Schlafsaal des ehemaligen Klosters die Stadtgeschichte auf, die stark von Fischfang und Schiffbau geprägt ist (Domplatz 3 · (0 39 87) 2 14 22 · www.prignitz-museum.de · Apr.–Sep. Di–So 10–12 und 13–18, Winter bis 17 Uhr).

Im historischen Zentrum auf der Stadtinsel verteilen sich hübsche Giebel- und Traufhäuser mit verzierten Gebälken um das Havelberger **Rathaus** von 1310, die Pfarrkirche **St. Laurentius** und das **Beguinenhaus** aus dem 13. Jahrhundert, wo einst Jungfrauen und Witwen in klösterlicher Gemeinschaft lebten.

Übrigens fand im November 1716 in Havelberg ein Treffen zwischen dem Zaren Peter I. und dem preußischen Soldatenkönig statt, die sich gegenseitige Unterstützung gegen das schwedische Reich zusagten. Dabei schenkte Friedrich Wilhelm I. seinem rus-

Der Dom von Havelberg thront hoch über dem Fluss

Blühende Landschaften rund um Rühstädt

sischen Bündnispartner neben einer Staatsjacht auch das legendäre Bernsteinzimmer, das heute als verschollen gilt.

km 9–33 Von Havelberg nach Rühstädt

Langfristige Bauarbeiten wegen Hochwasserschäden machen den Havelradweg (*) auf dieser Etappe derzeit noch unbefahrbar. Die Ausweichroute (auf der Karte orange eingezeichnet!) verläuft auf dem **Elberadweg** *und ist entsprechend ausgeschildert. Dazu fährt man an der Kreuzung Pritzwalker Straße/Lindenstraße auf der rechts abzweigenden Wilsnacker Straße (L3, im Verlauf nicht immer mit Radweg) aus der Stadt hinaus und weiter nach* **Toppel,** *wo eine sehenswerte Dorfkirche aus dem 14. Jahrhundert mit schön verziertem Südportal und hohem Turm die Ortschaft überragt.*

Auch in **Nitzow,** *das auf Dahlen folgt, zeugt die ungewöhnlich stattliche gotische Dorfkirche davon, dass der vor 1 000 Jahren gegründete Ort an der Havelniederung einmal sehr bedeutend gewesen sein muss. Ebenso hat in* **Quitzöbel** *eine Backsteinkirche die Zeit seit dem 16. Jahrhundert überdauert, außerdem ein* **Schloss,** *dem Fontane ein ausführliches Kapitel in seinem Buch „Fünf Schlösser" widmete. Ehemals Sitz der Adelsfamilie von Quitzow, ist es heute in Privatbesitz und liegt inmitten eines verwilderten Parks in einem hoffentlich nicht hundertjährigen Dornröschenschlaf.*

Inzwischen wird es landschaftlich immer interessanter: Endlich führt der Radweg an der Havel entlang, die ganz gemütlich durch die flache Landschaft strömt. Während sich die Speichen drehen, schweift der Blick in eine schier endlose Weite. Am Himmel bilden sich oft fantastische Wolkenformationen, dafür muss man meist ordentlich gegen den Wind anstrampeln. Nach **Abbendorf** *erreicht man bei* **Gnevsdorf** *jenen Punkt, wo die Havel ihre Eigenständigkeit aufgibt und sich als Gnevsdorfer Vorfluter in die Elbe ergießt.*

(*) Für die eigentliche Route auf dem **Havelradweg,** *die spätestens ab 2022 wieder befahrbar sein sollte (stets aktualisierte Infos hierzu findet man unter www.havelradweg.de), umfährt man in Havelberg auf der Uferstraße die historische Altstadt und biegt nach der Havelbrücke rechts in die Elbstraße (L2) ein, die kurz darauf wieder rechts über den Elbe-Havel-Kanal erst parallel zum Havelkanal, dann parallel zur Elbe über Neuwerben und weiter zwischen Gnevsdorfer Vorfluter und Elbe bis nach Gnevsdorf führt.*

Die gelassene Vermählung beider Flüsse kann man von einer Landzunge aus betrachten. Dabei wird deutlich, wie unterschiedlich beide Gewässer sind: hier die begradigte Havel, dort die unbegradigte Elbe mit natürlichen Ufern und lauter sandigen Ausbuchtungen. Mal liegen Kühe im Gras, mal blökt eine Schafsherde. In **Rühstädt** 3**,** wohin der Havelradweg bald darauf rechts abzweigt, erwarten einen noch andere Tiere.

Rühstädt

Der beschauliche Prignitzort mit adretten Backsteinhäusern, einigen Lokalen und einem Schloss aus dem 18. Jahrhundert, das heute als Hotel fungiert, ist Deutschlands Storchendorf Nummer eins. Mehr als 40 Brutpaare nisten hier, kaum ein Haus- oder Scheunendach, auf dem es nicht regelmäßig klappert. Wer zum richtigen Zeitpunkt da ist, kann im **Besucherzentrum** des Biosphärenreservats Flusslandschaft Elbe-Brandenburg mit Weißstorch-Ausstellung per Live-Übertragung die Fütterung der Jungen im Nest auf dem Dach miterleben. In der Saison werden regelmäßig „Rundgänge durchs Storchenland“ angeboten (Neuhausstr. 9 · (03 87 91) 80 65 55 · www.besucherzentrum-ruehstaedt.de · Apr.–Aug. Di–So 10–18, Sep. Di–So 11–17 Uhr, sonst auf Anfrage).

km 33–49

Von Rühstädt nach Wittenberge

Nachdem man, am Schloss vorbei, auf die Rühstädter Dorfstraße gelangt ist, führt einen der Havelradweg nach links über die Straße Am Brink zunächst nördlich am Schlosspark entlang, dann durch Wiesen und Felder und schließlich rechts nach **Bälow.** *Man durchquert den ruhigen Ort auf der Bälower Dorfstraße und radelt weiter geradeaus auf der Landstraße K 7005 über* **Sandkrug,** *bis die Ausschilderung links nach* **Scharleuk** *weist. Nun geht es an der Elbe entlang mit schönem Blick auf das Wasser in das nette Prignitzdorf* **Hinzdorf,** *wo man eine Verschnaufpause in dem liebenswerten Bauerncafé Scherfs Hof mit idyllischem Hofgarten einlegen kann. Dann folgt man dem Elberadweg auf der Dorfstraße und dem Elbdeich nach* **Wittenberge** 4**.** *Nach der beschaulichen Flusslandschaft kündigt sich schon von Weitem der alte Industriestandort mit allerlei Schornsteinen an. An der Bahnlinie entlang radelt man über die Brücke bis zur Wilsnacker Straße und biegt dort links in Richtung Zentrum ab. Kurz nach der Alten Ölmühle zweigt rechts die Packhofstraße ab, die einen zum Bahnhof bringt. Doch sollte man sich vor der Abfahrt am Ufer der Elbe und im Zentrum umsehen.*

Wittenberge

Wittenberge ist kein so lauschiger Ort wie Havelberg und macht auf den ersten Blick einen zerrissenen Eindruck. Lange Zeit hatte der einstige Industriestandort damit zu kämpfen, dass hier 1991 drei Großbetriebe aufgelöst wurden. Inzwischen versucht man, touristische Potenziale stärker zu nutzen. Dazu zählen neben der Lage an der Elbe einige Relikte der Industriegeschichte wie die Alte Ölmühle. Neben der Elbuferpromenade lädt der Sporthafen zu Kanu- und anderen Bootstrips bis nach Magdeburg ein.

Im Stadtzentrum erwarten einen neben der neugotischen Evangelischen **Stadtkirche** in der Kirchstraße ein neobarockes **Rathaus** in der August-Bebel-Straße mit schönen Glasmalereien im Inneren. Seinen 51 Meter hohen Turm kann man an manchen Samstagen um 14 Uhr besteigen. Außerdem gibt es im Heisterbusch-Viertel südwestlich vom Bahnhof einige restaurierte **Jugendstil-Wohnhäuser** zu entdecken.

Ältestes Bauwerk ist das mittelalterliche **Steintor,** das auf die Stadtgründung durch die Familie Gans Edle Herrn zu Putlitz zurückgeht und heute Teil des **Stadtmuseums** ist. Hauptsitz des

Museums ist die so genannte **Alte Burg,** die bis 1780 Residenz der Gans Edlen Herren zu Putlitz war und heute vom Leben der Ackerbürger und Industriebarone in Wittenberge erzählt (Putlitzstraße 2 · (0 38 77) 40 52 66 · Mo, Mi–Fr, So 10–16 Uhr).

Wahrzeichen der Stadt ist der rund 50 Meter hohe **Singer-Uhrenturm** in der Bad Wilsnacker Straße 48, der 1928 ursprünglich als Wasserturm zur Versorgung der Nähmaschinenfabrik entstand und einer der größten Uhrentürme Europas ist. Jedes Zifferblatt der vier Uhrwerke wird mit einem Drehstrommotor angetrieben. Führungen mit Turmbesteigungen sowie andere thematische Stadtrundgänge organisiert die Touristinformation (Paul-Lincke-Platz 1 · (0 38 77) 92 91 81 · www.wittenberge.de).

Abstecher in die Gropius-Siedlung Eigene Scholle

Vom Bahnhof ist die etwa 1,5 Kilometer nördlich gelegene Siedlung gut über die Perleberger Straße und den Lindenweg zu erreichen.

Für Architekturinteressierte empfiehlt sich ein kleiner Abstecher zur Siedlung „Eigene Scholle“, einem Frühwerk von Walter Gropius und Adolf Meyer. Eine Infotafel am schönen Kastanienplatz weist den Weg zu der innovativen Wohnstätte für Arbeiter, die von 1912 bis 1914 zwischen Lüneburger Straße und Lindenplatz im Auftrag einer Siedlungsgesellschaft entstand.

Wittenberge ist unübersehbar ein alter Industriestandort

Neuruppin – Fürstenberg

13 Zu Fontanes Sehnsuchtsorten rund um die Ruppiner Schweiz

Start	Ziel	Länge	Fahrzeit
Neuruppin, Bhf. Rheinsberger Tor	Bhf. Fürstenberg	54 km	ca. 4,5 Std.

Diese Tour begibt sich rund um die Ruppiner Schweiz auf die Spuren Theodor Fontanes. Von Neuruppin, wo der Sohn eines Apothekers 1819 das Licht der Welt erblickte, geht es nach Rheinsberg. Inmitten einer herrlichen Seenlandschaft steht hier das Schloss, in dem Friedrich II. als Kronprinz glückliche Tage verbrachte und wo sich später sein kunstbegeisterter Bruder Heinrich verwirklichte. Nicht nur Fontane, auch Kurt Tucholsky schwärmte davon. Auf der zweiten Etappe nach Fürstenberg liegt mit dem Großen Stechlinsee einer der schönsten und klarsten Seen des Landes am Weg, den der Schriftsteller mit einem Roman geadelt hat.

Auch heute noch ein Ort der Muße: der Rheinsberger See

Infos zur Tour

Anfahrt
Bahnhof Rheinsberger Tor in Neuruppin (RE 6 stündlich ab Berlin-Spandau, ca. 65 Min. und ab S-Bahnhof Hennigsdorf ca. 35 Min.)

Rückfahrt
Bahnhof Fürstenberg
(RE 5 stdl., ca. 65 Min. bis Berlin Hbf.)

Varianten
Die Tour lässt sich verkürzen, indem man sie in Rheinsberg enden oder beginnen lässt (mehrmals tgl. mit RB 54 bis Löwenberg (im Winter nur wenige Fahrten!), weiter mit RE 5 nach Berlin Hbf., ca. 1 Std. 50 Min. Achtung: In Löwenberg muss das Fahrrad über eine Überführung auf den anderen Bahnsteig getragen werden!)

Kombinationsmöglichkeiten
Die Tour ist gut kombinierbar mit Tour 14 von Fürstenberg nach Oranienburg oder Tour 15 nach Templin (und weiter: Touren 16, 17, 18)

Streckenverlauf
Neuruppin – Alt Ruppin – Molchow – Krangen – Zippelsförde – Rheinshagen – Zechow – Rheinsberg– Menz – Neuglobsow – Dagow – Steinförde – Fürstenberg

Streckencharakteristik
Landschaftlich und kulturhistorisch sehr reizvolle Tour, meist auf bequemen, asphaltierten Radwegen, zum Teil auch auf wenig befahrenen Nebenstraßen oder Waldwegen. Von Rheinsberg nach Menz auf straßenbegleitendem Radweg.

Schwierigkeit
Einfach

Beschilderung
Fontane.Rad-Weg ab Neuruppin bis Neuglobsow,
Havelradweg zwischen Steinförde und Fürstenberg

Information
Tourismusverband Ruppiner Seenland
Fischbänkenstraße 8 ·
16816 Neuruppin · (0 33 91) 65 96 30 ·
www.ruppiner-seenland.de

Fahrradverleih
rhinpaddel.de · Neuruppin
Weitere Standorte in Alt Ruppin und Rheinsberg, One-Way-Vermietung möglich, auch mit Liefer- und Abholservice.
An der Seepromenade 10 ·
16816 Neuruppin · (0 33 91) 6 59 90 01 ·
www.rhinpaddel.de ·
Apr.–Okt. 9–18 Uhr, Nebensaison auf Anfrage

Ladestationen
Rheinsberg
Tourist-Information · Remise am Schloss/Mühlenstraße 15a ·
Schließfächer (2 €) mit Steckdosen im Gepäckaufbewahrungsraum · tgl. rund um die Uhr geöffnet

Baden
Badestellen am Ruppiner, Molchow-, Rheinsberger, Roofensee und am Großen Stechlinsee

Rheinsberg
2
Obelisk
Schloss
Keramikmuseum
Rheinsberg
N
1000 m
Zühlen
Zechow
Braunsberg
Heinrichsdorf
Schwanow
Rheinshagen
Dierberg
Rhin
Banzend
Zermützelsee
Rhin
Zermützel
Klosterheide
Zippelsförde
Krangen
Rhin
Gudelacksee
Molchow
Lind
Molchow-
see
Lindow
Neumühle
Rhin
Alt Ruppin
B 167
See
B 167
Schönberg
Museum
Neuruppin
Rheinsberger Tor
1
K.-Marx-St.
Wulkow
St. Trinitatis
Nietwerder
Ruppiner
Herzberg
Wuthenow
Herzberg

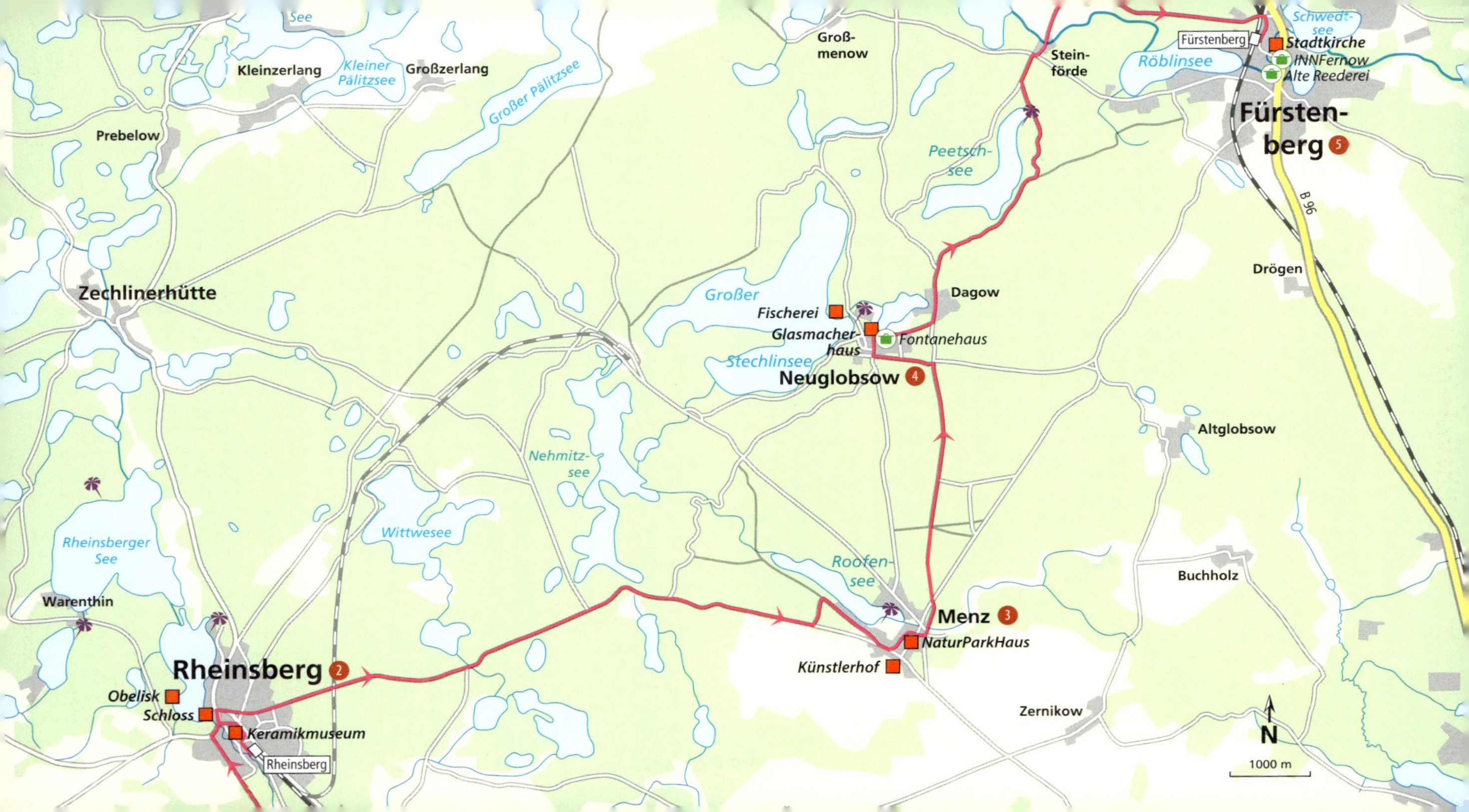

Fürstenberg
Stadtkirche
INNFernow
Alte Reederei
Schwedt-see
Röblinsee
Fürsten-berg 5
B 96
Stein-förde
Groß-menow
Kleinzerlang
Kleiner Pälitzsee
Großzerlang
Großer Pälitzsee
See
Prebelow
Zechlinerhütte
Peetsch-see
Drögen
Dagow
Großer
Fischerei
Glasmacher-haus
Fontanehaus
Stechlinsee
Neuglobsow 4
Altglobsow
Nehmitz-see
Wittwesee
Rheinsberger See
Warenthin
Roofen-see
Buchholz
Menz 3
NaturParkHaus
Künstlerhof
Rheinsberg 2
Obelisk
Schloss
Keramikmuseum
Rheinsberg
Zernikow
N
1000 m

Einkehren

Fischerhof · Rheinsberg
Von Fischsuppe bis zum gebratenen Zanderfilet, mit Terrasse und Seeblick. Seestraße 19a · 16831 Rheinsberg · (03 39 31) 1 95 86 · gaststaette-zum-fischerhof.eatbu.com · Mi–So 12–22 Uhr

Gasthaus & Pension Fontanehaus · Neuglobsow
In dem Fachwerkhaus ist schon Fontane eingekehrt. Spezialitäten sind frischer Fisch und Wildgerichte. Bett & Bike-Betrieb (EZ ab 50 €, DZ ab 62 €). Fontanestraße 1 · 16775 Neuglobsow · (03 30 82) 64 90 · www.fontanehaus.com · Sommer tgl. außer Di ab 11.30 Uhr, im Winter nur Do–So geöffnet

Alte Reederei · Fürstenberg
Eine gute Übernachtungsadresse ist der idyllisch gelegene Bett & Bike-Betrieb mit Fahrradabstellmöglichkeit. Brandenburger Straße 38 · 16798 Fürstenberg · (01 72) 3 22 74 21 · www.altereederei.de · DZ ohne Frühstück ab 65 €

Café INNFernow · Fürstenberg
Neben Frühstück, Eis, Kaffee und Kuchen gibt es hier einen preiswerten, auch vegetarischen Mittagssnack. Brandenburger Straße 21 · 16798 Fürstenberg · (03 30 93) 41 99 60 · Sommer tgl. 8–18, Winter Do–So 8–17 Uhr

Vom **Bahnhof Rheinsberger Tor** ❶ *führt rechts die Karl-Marx-Straße geradewegs ins Zentrum.*

Neuruppin

Neuruppin besticht nicht nur durch seine Lage am Nordufer des **Ruppiner Sees,** Straßen und Gebäude führen auch auf die Spuren einer Reihe bedeutender Persönlichkeiten, allen voran Theodor Fontane. 1819 erblickte er in der Löwenapotheke in der Karl-Marx-Straße 84 das Licht der Welt. Nicht weit davon entfernt, in der Fischbänkenstraße 8, wurde 1781 Karl Friedrich Schinkel geboren – am Kirchplatz schräg gegenüber hat ihm der Bildhauer Max Wiese 1883 ein Denkmal gesetzt. Und auch Friedrich der Große verlebte hier als junger Regimentskommandeur eine unbeschwerte Zeit.

Auffällig an Neuruppin ist der geometrische Grundriss mit großen quadratischen Plätzen, die Fontane als „raumverschwendende Anlage“ kritisierte. Die preußische Musterstadt wurde in dieser Form angelegt, nachdem das mittelalterliche Zentrum 1787 bei einem Großbrand fast vollständig vernichtet worden war. Ausnahmen sind die Klosterkirche **St. Trinitatis,** die sich mit ihren beiden Türmen weithin sichtbar am Seeufer erhebt und einst zu einem 1246 gegründeten Dominikanerkloster gehörte. Ein Stück weiter haben in der Siechenstraße zwei Hospitalkapellen, **St. Georg und St. Lazarus,** die Zeit überdauert. Inzwischen ist hier das romantische Hotel Up-Hus-Idyll untergekommen.

Einen guten Überblick über die 750-jährige Stadtgeschichte vermittelt das **Museum Neuruppin** in einem prächtigen klassizistischen Wohnhaus von 1790 und einem ambitionierten Neubau (August-Bebel-Straße 14–15 · (0 33 91) 3 55 51 00 · Mi–Mo 11–16 Uhr).

Vom Bahnhof Rheinsberger Tor nach Molchow km 0–25

Ab dem **Bahnhof Rheinsberger Tor** *folgt man dem Fontane.Rad-Weg links auf der Straße des Friedens, später Alt Ruppiner Allee, geradeaus aus der Stadt hinaus. Zwischendurch wechselt man auf die linke Straßenseite und radelt auf dem straßenbegleitenden Radweg in Richtung* **Alt Ruppin.** *Kurz vor dem Ortseingang in den Ferienort mit sehenswerter* **Backsteinkirche** *aus dem 13. Jahrhundert biegt man links in den Neumühler Weg ein, wo es nach ca. 800 Metern rechts über eine Brücke geht. (Künftig wird der Radweg auf der linken Wasserseite wieder befahrbar sein, der dann erst später über eine neu gebaute Brücke nach Molchow führt). Auf der anderen Seite folgt man der asphaltierten Straße nach* **Molchow,** *wobei man sich in einer Rechtskurve links hält und auf der Alt Ruppiner Straße an einer Badestelle vorbei in den Ort radelt.*

Links liegt der Dorfanger des verträumten Runddorfs. Inmitten des baumbestandenen Runds überrascht ein denkmalgeschützter hölzerner Glockenturm aus dem Jahr 1692, der für eine noch viel ältere Glocke errichtet worden sein soll, von der keiner genau weiß, woher sie stammt.

Die Klosterkirche ist Neuruppins Wahrzeichen

Vom Dorfplatz zurück geht es jetzt an der Kreuzung Alt Ruppiner Straße geradeaus auf der Krangener Straße leicht ansteigend aus dem Ort hinaus. Schon schweift der Blick über Felder mit kleinen Wäldchen und Dörfern. Bei **Krangen** *quert man die Landstraße, fährt kurz links Richtung Ort, aber vorher schon wieder rechts auf den Radweg, der jetzt erneut durch dichten Mischwald führt und bei* **Zippelsförde** *in eine befahrene Landstraße mündet. Hier fährt man ein kurzes Stück auf dem straßenbegleitenden Fahrradweg, bis nach rund 500 Metern links – oft steht hier ein Räucherfischverkaufsstand – die Fahrradstraße nach Rheinsberg abzweigt.*

Wunderschön ist die nun folgende Strecke durch Kiefernwälder Richtung **Rheinshagen.** *Kurz vor dem Ort (rund 6 Kilometer hinter Zippelsförde) zweigt die Straße rechts ab, bevor es nach 300 Metern am Rastplatz, wo unweit des Fahrradwegs der* **Rhin** *plätschert, wieder links weitergeht nach* **Zechow.** *Auf einer Fahrradstraße und einem ruhigen zweispurigen Fahrweg gelangt man schließlich durch Felder und Wiesen nach* **Rheinsberg** 2**.** *Auf der Lindenallee geht es ins Zentrum. An ihrem Ende führt rechts die Parkstraße, die später zur Mühlenstraße wird, zum Schloss. Wer die Tour hier beenden will, fährt von der Mühlenstraße rechts in die Rhinstraße, wieder rechts in den Damaschkeweg und weiter zum Bahnhof.*

Rheinsberg

Friedrich der Große, sein Bruder Prinz Heinrich, Fontane, Kurt Tucholsky – sie alle schwärmten von Rheinsberg, das heute staatlich anerkannter Erholungsort ist. Zu Recht. Tatsächlich ist das Städtchen, das sich mit seinem **Schloss** in die liebliche Waldlandschaft der Rheinsberger Seen schmiegt, schön anzusehen. Nachdem der Soldatenkönig Friedrich Wilhelm I. das Wasserschloss für seinen Sohn zur Barockresidenz ausbauen ließ, verbrachte Friedrich als Kronprinz hier die glücklichsten Jahre seines Lebens. Sein Bruder Prinz Heinrich machte aus Rheinsberg später einen wahren Musenhof. Er versammelte hier zahlreiche Künstler und ließ das Schloss von Wenzeslaus von Knobelsdorff umgestalten. Um 1737 vollendet, bildete es noch vor Sanssouci den architektonischen Auftakt zum friderizianischen Rokoko. Besonders prachtvoll ist der Spiegelsaal mit einem Deckengemälde Antoine Pesnes, das Ovids Metamorphosen darstellt. Außerdem be-

Wo Friedrich der Große seine glücklichsten Jahre verbrachte: Schloss Rheinsberg

eindrucken der Muschelsaal und ein Kabinett mit chinesischen Lackmalereien (Schloss Rheinsberg · Anmeldung zu Führungen unter (03 39 31) 72 60 · www. spsg.de · Apr.–Okt. Di–So 10–17.30 Uhr, letzter Einlass 30 Min. vor Schließung). 1774 gesellte sich schließlich noch ein Schlosstheater dazu, wo heute im Sommer gute Opern- und Schauspielaufführungen stattfinden (Karten über (03 39 31) 3 49 40 · www.schlosstheater-rheinsberg.de).

Ein Schauplatz anderer Art ist der wunderbar gestaltete **Schlosspark,** der sich mit einer **Grabpyramide** und einem **Obelisken** bis auf die gegenüberliegende Seeseite erstreckt. Daran, dass Kurt Tucholsky in Rheinsberg eine unbeschwerte Zeit mit seiner späteren Frau Else Weil verlebte und hier sein „Bilderbuch für Verliebte" verfasste, erinnert das **Tucholsky-Museum** in einem Teil des Schlosses ((03 39 31) 3 90 07 · www.tucholsky-museum.de · Apr.–Okt. Di–So 10–12.30 und 13–17.30 Uhr, Nov.–März Di–So 10–16 Uhr).

Im **Keramikmuseum** kann man sich davon überzeugen, dass die Rheinsberger Keramikmanufakturen einst zu den bedeutendsten Preußens gehörten (Kirchplatz 1 · (03 39 31) 3 76 31 ·

Das NaturParkHaus Stechlin lockt auch mit einem Sinnesgarten

www.museum-rheinsberg.de · Feb.–Juni Mi–Fr 12–17, Sa 10–17, Juli–Aug. Mo–Sa 10–18, So 12–18, Sep.–Dez. Mi–Fr 10–17, Sa 12–16 Uhr). Zweimal jährlich findet auf den Straßen und Plätzen des Städtchens auch ein **Töpfermarkt** statt, zu dem rund 100 internationale Aussteller geladen werden.

km 25–37

Von Rheinsberg nach Menz

Von der Mühlenstraße biegt man rechts in die Schlossstraße, die später Menzer Straße heißt und aus der Stadt hinausführt. Der Ausschilderung nach Menz folgend geht es mal auf der rechten, mal auf der linken Straßenseite auf dem Radweg durch einen herrlichen Kiefernwald und am **Roofensee** *mit Badestelle und der Roofenseeklause (in der Saison Di–So ab 12 Uhr) vorbei in den freundlichen Ort* **Menz 3.**

Menz

Menz, am idyllischen Roofensee gelegen, ist als Zentrum des Naturparks Stechlin-Ruppiner Land ein beliebtes Ausflugsziel für Familien und Schulklassen. Neben der alten Feldsteinkirche aus dem Jahre 1558, die in der Saison täglich geöffnet ist, präsentiert am Friedensplatz das **NaturParkHaus Stechlin** eine fantasievoll gestaltete Erlebnisausstellung und einen Sinnesgarten (Kirchstraße 4 · (03 30 82) 5 12 10 · www.naturparkhaus.de ·

Mai–Sep. tgl. bis 17 Uhr, Okt.–Apr. tgl. bis 16 Uhr). In der Berliner Straße 9 ist außerdem aus einem 100-jährigen Vierseithof der **Künstlerhof Roofensee** entstanden, der mit einer Galerie, schönen Apartments und im Sommer auch mit sehr guter Küche lockt (www.kuenstlerhof-roofensee.de · Fr–So 15–21 Uhr).

Von Menz nach Neuglobsow

km 37–43

Vom NaturParkHaus am Friedensplatz biegt man links in die Lindenstraße, fährt an der Ostseite des Platzes entlang und biegt danach gleich wieder rechts auf eine bequeme, ca. 5 Kilometer lange Fahrradstraße. Auf ihr geht es in nördlicher Richtung durch den Wald bis zur Weggabelung Neuglobsow/Fürstenberg. Um nach **Neuglobsow** 4 *und zum etwa 2 Kilometer entfernten* **Großen Stechlinsee** *zu gelangen, dem landschaftlichen Höhepunkt der Strecke, folgt man nicht dem rechts weiterführenden Fontane.Rad-Weg, sondern biegt links ab und fährt auf der wenig befahrenen Straße Forststeig durch den Wald in den kleinen Ort und weiter zum Seeufer.*

Fontanes Titelheld: der Große Stechlinsee

Die Gegend ist zum Baden ideal

Neuglobsow und Stechlinsee

Um die hundert Seen liegen im Naturpark Stechlin-Ruppiner Land, doch der schönste, größte, tiefste und klarste ist der von Buchenwäldern umgebene Große Stechlinsee, dem Theodor Fontane nicht zufällig mit seinem Roman „Der Stechlin" ein literarisches Denkmal setzte. Er eignet sich ideal zum Baden, Rudern, Angeln und Tauchen. Neben Campingplätzen gibt es hier auch Bootsverleihstellen und eine **Fischerei,** die frischen und geräucherten Fisch verkauft. Spezialität ist die nur hier vorkommende Stechlin-Maräne. Aber in dem Wasser mit einer Sichttiefe von elf Metern fühlen sich auch Hechte, Barsche, Schleien, Karpfen und andere Spezies wohl.

Im beliebten Erholungsort Neuglobsow lädt das über 225 Jahre alte **Glasmacherhaus** zur Zeitreise ein. Der Glasbläserei verdankt der Ort überhaupt seine Gründung im Jahr 1780. Seitdem wurde hier das grüne Waldglas hergestellt. Heute erzählen viele Exponate, Infotafeln und Hörstationen von der hohen Kunst des Glasblasens. Das behindertengerechte Gebäude beherbergt auch die Touristeninformation (Stechlinseestraße 21 · (03 30 82) 7 02 02 · www.naturparkhaus.de · Mai/Juni/Sep./Okt. Mo–Fr 10–15, Sa/So 10–16 Uhr, Juli/Aug. tgl. 10–16, Nov.–März Mi/Do/So 10–14 Uhr · 2,50 € / Kinder bis 12 Jahre 1 € / Familienkarte 6 €).

km 43–54 Von Neuglobsow zum Bahnhof Fürstenberg

Man verlässt Neuglobsow auf der Stechlinseestraße und biegt links in den Ortsteil Dagow ab. Am Ortsende wird die Straße zum Waldweg. An der Gabelung hält man sich halb rechts und folgt damit nicht *dem ausgeschilderten Fernradweg Berlin-Kopenhagen. Linker Hand taucht bald der* **Peetschsee** *auf, man folgt dem Waldweg in nördlicher Richtung bis* **Steinförde.** *In Steinförde fährt man kurz rechts und gleich wieder links. Ab hier führt ein asphaltier-*

ter Fahrweg direkt nach **Fürstenberg** 5. *Dort biegt man nach der Bahnunterführung rechts ab und gelangt auf der Geldener, später Luisenstraße zum Bahnhof bzw. an ihm vorbei auf der Bahnhofs- und Brandenburger Straße ins Zentrum.*

Fürstenberg

Die von Röblin-, Baalen- und Schwedtsee umgebene Inselstadt Fürstenberg ist idealer Ausgangspunkt für Kanu-, Paddel- oder Radtouren in den Naturpark Uckermärkische Seen, aber auch bei Radlern und Wanderern beliebt. Im Zentrum kann man auf dem Marktplatz einen Blick auf das Rathaus und in die neobyzantinische **Stadtkirche** werfen, die den größten hängenden Batikteppich Europas in sich birgt.

Das **Schloss Fürstenberg** etwas nördlich des Altstadtkerns, das im 18. Jahrhundert als Witwensitz von Herzogin Dorothea Sophie errichtet wurde, harrt nach wechselvoller Geschichte noch seiner künftigen Bestimmung. Auf der anderen Seite der Bundesstraße blickt man vom hübschen Stadtpark mit Jachthafen auf den **Schwedtsee.**

Hier hängt der größte Batikteppich Europas: Stadtkirche von Fürstenberg

Fürstenberg – Oranienburg

14 Entdeckungsreise entlang der Oberhavel

Start	Ziel	Länge	Fahrzeit
Bhf. Fürstenberg	S-Bhf. Oranienburg	78 km	ca. 6,5 Std.

Wasser gibt es auf dieser Tour reichlich – unterschiedliche Havelarme, zahlreiche Seen und Kanäle säumen den Weg. An ihnen liegen wiederum liebenswerte Orte wie Himmelpfort oder Bredereiche. Hat man Dannenwalde mit der achteckigen „Kirche am Weg" hinter sich gelassen, empfängt einen der Ziegeleipark Mildenberg, eins der bedeutendsten Ziegeleireviere Europas, mit sechzig mehr als hundert Jahre alten Ringöfen. Weiterer Höhepunkt ist das verträumte Klosterareal von Zehdenick, wo aus der efeuumrankten Ruine eines Nonnenklosters eine einladende Kulturstätte geworden ist. Nach Liebenwalde klingt die Fahrt schließlich in der pulsierenden Kreisstadt Oranienburg mit ihrem Barockschloss aus.

Aus dem Schifferdorf nicht wegzudenken: die Schleuse in Bredereiche

Infos zur Tour

Anfahrt
Bahnhof Fürstenberg (RE 5, stündlich, ca. 65 Min. ab Berlin Hbf.) Achtung: Am Bahnhof gibt es keinen Aufzug!

Rückfahrt
S-Bahnhof Oranienburg (S1, alle 20 Min. nach Bhf. Friedrichstraße, ca. 50 Min. oder RE 5, stündlich nach Berlin Hbf., ca. 30 Min.)

Varianten
Die Tour lässt sich verkürzen, indem man von Dannenwalde (mit RE 5, alle 2 Std., ca. 55 Min. nach Berlin Hbf.) oder Zehdenick (RB 12, stündlich, ca. 70 Min. bis Berlin Ostkreuz) zurückfährt bzw. dort startet.

Kombinationsmöglichkeiten
Die Tour ist gut kombinierbar mit der Tour 13 von Neuruppin nach Fürstenberg. In Fürstenberg startet außerdem Tour 15 nach Templin.

Streckenverlauf
Fürstenberg – Himmelpfort – Bredereiche – Dannenwalde – Wentow – Zabelsdorf – Marienthal – Ziegeleipark Mildenberg – Zehdenick – Liebenwalde – Oranienburg

Streckencharakteristik
Lange, landschaftlich sehr reizvolle Tour auf gut ausgebauten Fahrradwegen, kurze Abschnitte auf oder entlang von Landstraßen

Schwierigkeit
mittelschwer

Beschilderung
durchgängig Havelradweg bzw. Radweg Berlin-Kopenhagen

Information
Tourismusverein Fürstenberger Seenland
Markt 5 · 16798 Fürstenberg · (03 30 93) 322 54 · www.fuerstenberger-seenland.de

Fahrradverleih
Zweiradcenter Intress · Fürstenberg
Brandenburger Straße 49 · 16798 Fürstenberg · (0 15 23) 4 06 29 93 · www.zweirad-intress.de

E-Bike Vermietung-Fürstenberg
Baalenseestraße 8 · 16798 Fürstenberg/Havel · (01 72) 6 52 26 82 · www.ebikevermietung-fürstenberg.de

Ladestationen
Ziegeleipark Mildenberg
(▸ Seite 151)

Liebenwalde
Liebenwalder Herberge · Havelstraße 1a (▸ Seite 148)

Oranienburg
E-Bike Ladestation am Schlosshafen · Rungestraße 47

Baden
Unzählige Badestellen an der Havel, an den Seen rund um Himmelpfort und am Großen Wentowsee.

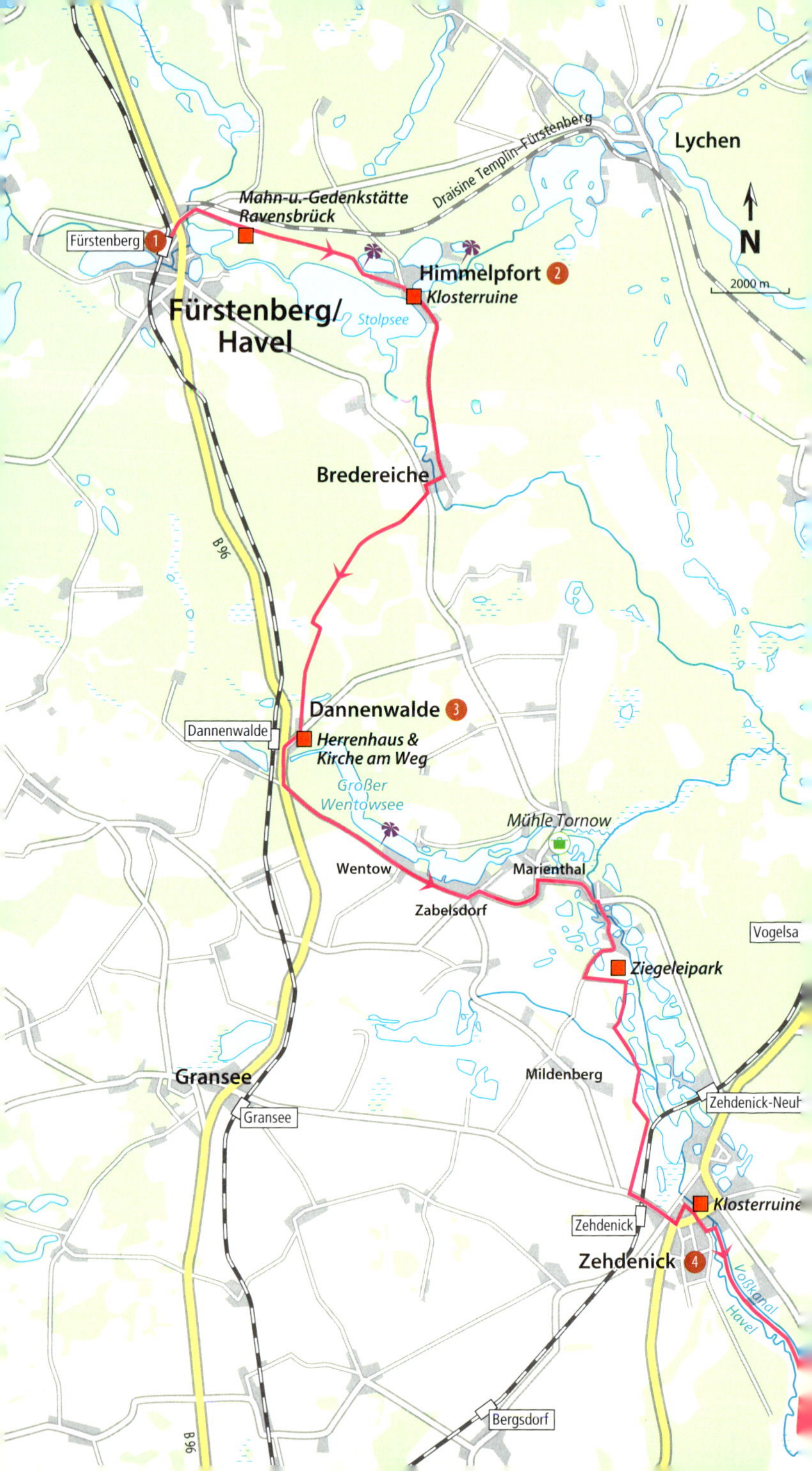

Lychen
Draisine Templin–Fürstenberg
Mahn-u.-Gedenkstätte Ravensbrück
Fürstenberg
1
Fürstenberg/ Havel
Himmelpfort
2
Klosterruine
Stolpsee
N
2000 m
Bredereiche
B 96
Dannenwalde
3
Dannenwalde
Herrenhaus & Kirche am Weg
Großer Wentowsee
Mühle Tornow
Wentow
Marienthal
Zabelsdorf
Vogelsa
Ziegeleipark
Mildenberg
Gransee
Gransee
Zehdenick-Neuh
Klosterruine
Zehdenick
Zehdenick
4
Voßkanal
Havel
Bergsdorf
B 96

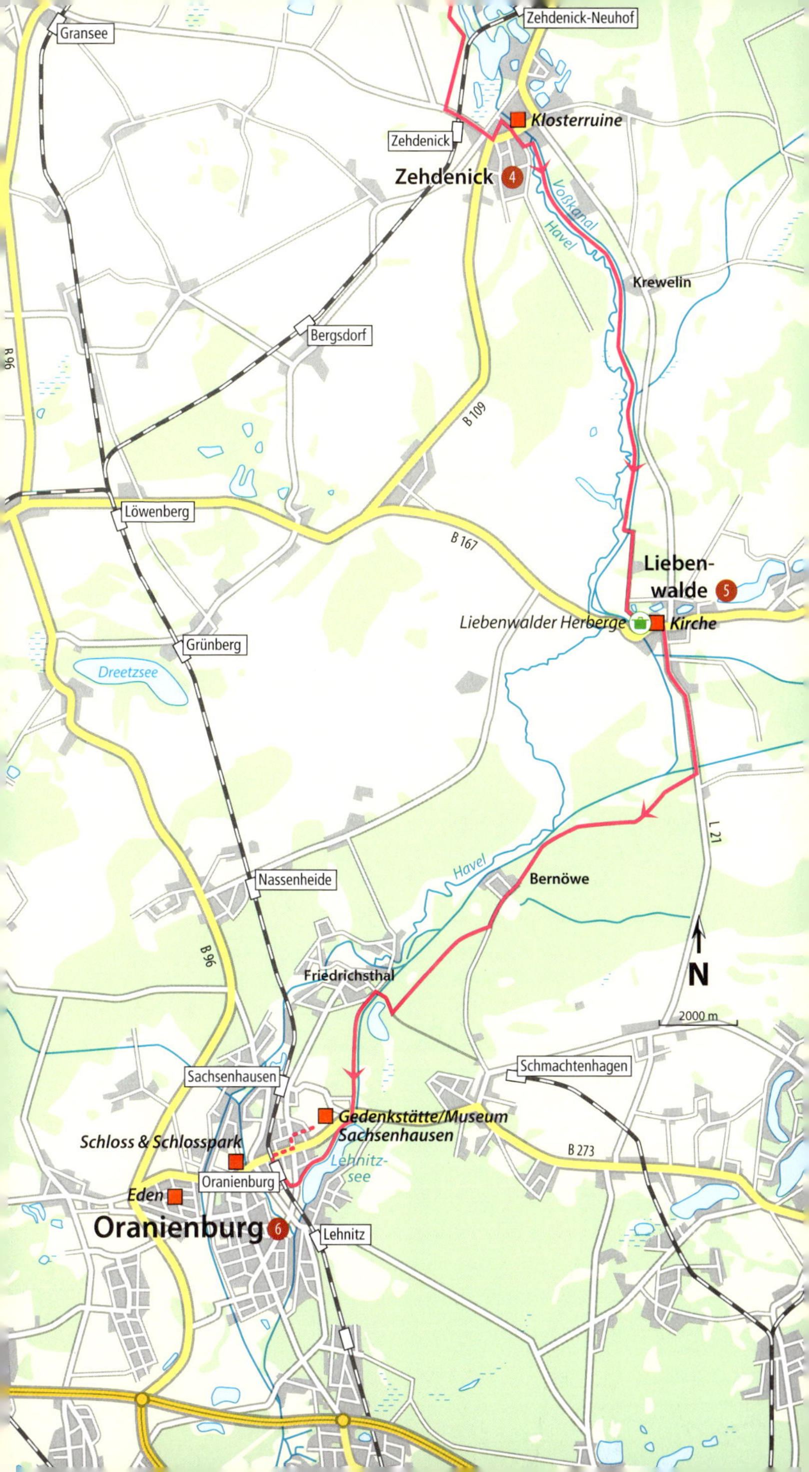

Gransee
Zehdenick-Neuhof
Klosterruine
Zehdenick
Zehdenick
Voßkanal
Havel
Krewelin
Bergsdorf
B 96
B 109
Löwenberg
B 167
Lieben-
walde
Liebenwalder Herberge
Kirche
Grünberg
Dreetzsee
L 21
Havel
Bernöwe
Nassenheide
B 96
Friedrichsthal
N
2000 m
Schmachtenhagen
Sachsenhausen
Gedenkstätte/Museum
Sachsenhausen
Schloss & Schlosspark
B 273
Lehnitz-
see
Oranienburg
Eden
Oranienburg
Lehnitz

Einkehren

Mühle Tornow
In Marienthal lohnt ein kleiner Abstecher zur Wassermühle Tornow, aus der ein charmantes Ausflugslokal mit idyllischem Sommergarten, Hofladen und Pension geworden ist.
Neue Straße 1 · 16798 Fürstenberg, OT Tornow · (03 30 80) 40 48 50 · www.muehle-tornow.de · Juni–Sep. Mo–Fr ab 17, Sa/So 12–22 Uhr, sonst eingeschränkte Öffnungszeiten · DZ ab 90 €

Liebenwalder Herberge
Eine freundliche Anlaufstelle für alle Bedürfnisse mit Touristeninformation, Pension und hübschem Hofcafé.
Havelstraße 1a · 16559 Liebenwalde · (03 30 54) 9 07 72 · www.liebenwalder-herberge.de · Apr.–Okt. Do–Di 13–18 Uhr

(Einkehrmöglichkeiten in Fürstenberg ▸ Tour 13, S. 136)

km 0–2

Vom Bahnhof Fürstenberg nach Ravensbrück

Vor dem **Bahnhof** ❶ *fährt man links durch die Luisenstraße und weiter im Rechtsbogen aus der Stadt hinaus in Richtung Himmelpfort. Der Ausschilderung folgend fährt man auf der Ravensbrücker Dorfstraße in eine weite Rechtskurve und folgt ihr weiter nach rechts, wo die Straße sich gabelt. Sie geht bald in die Himmelpforter Landstraße über. Während einen ringsum freundliche Heidelandschaft umfängt, erinnert auf der rechten Seite in der Straße der Nationen die* **Mahn- und Gedenkstätte Ravensbrück** *an eines der düstersten Kapitel der deutschen Geschichte.*

Im Frauen-Konzentrationslager Ravensbrück waren zwischen 1939 und 1945 rund 132 000 Frauen und Kinder, 20 000 Männer sowie 1 000 Jugendliche aus 40 Nationen inhaftiert, viele von ihnen wurden hier umgebracht. Die meisten waren Juden, Sinti und Roma, die Zwangsarbeit für die Kriegswirtschaft leisten mussten. 1959 wurde das Gelände in eine Nationale Mahn- und Gedenkstätte umgewandelt, seit 1995 ist das Gelände ganz zugänglich und informiert mit den Dauerausstellungen „Topographie und Geschichte des Frauen-KZs“ und „Ravensbrückerinnen“ über das Leben im Frauenlager (Straße der Nationen · (03 30 93) 60 80 · www.ravensbrueck.de · Gedenkstättengelände: ganzjährig Di–So 9–20 Uhr, Ausstellung Mai–Sep. Di–So 9–18 Uhr, Okt.–Apr. Di–So 9–17 Uhr).

Von Ravensbrück nach Himmelpfort

km 2–7

Von der Gedenkstätte führt der als Havelradweg und Radweg Berlin-Kopenhagen ausgeschilderte Weg weiter auf der Himmelpforter Landstraße und der Fürstenberger Straße nach **Himmelpfort** 2, *das inmitten einer lieblichen Seenlandschaft liegt. Als Erstes taucht links der* **Sidowsee** *zwischen Bäumen auf, rechts breitet sich der weitaus größere* **Stolpsee** *aus, dazwischen gruppiert sich das Dorf um die mittelalterliche Klosterruine. Am Ende der Fürstenberger Straße biegt man rechts in die Klosterstraße ein.*

Himmelpfort

Himmelpfort ist einer der idyllischsten Orte Brandenburgs, umgeben von reichlich Wasser – dem Stolp-, Sidow-, Moderfitz-, Haus- und dem winzigen Piansee. Im Zentrum steht die romantische **Ruine eines Zisterzienserklosters.** 1299 gegründet, sind davon nur die Kirche, das Brauhaus und Mauerreste übrig geblieben. Doch sind selbst die pittoresken Ruinen am grünen Seeufer noch so schön anzusehen, dass man gut nachvollziehen kann, warum Bruder Otto einst die Schönheit der Landschaft mit „Coeli porta" – der Pforte des Himmels – verglich und so dem Ort seinen Namen gab. Schräg gegenüber liegt der liebenswerte **Klosterkräutergarten** (Klosterstraße 23 · www.himmelpfort.de · Mai–Sep. Mo–Fr 9–17, Sa/So 12–17 Uhr, Okt.–Apr. Mo–Fr 9–15 Uhr).

Von der einstigen „Pforte zum Himmel" ist nur eine schöne Ruine geblieben

Besonders beliebt ist Himmelpfort bei Kindern, die hier ganzjährig in der **Weihnachtsstube** dem Weihnachtsmann einen Besuch abstatten können (Klosterstraße 23 · (03 30 89) 4 18 88 · Apr.–Okt. Mo–Fr 10.30–16.30, Sa/So 10–17 Uhr, im Hochsommer tgl. ab 8 Uhr, im Winter nur Sa/So 10.30–16.30 Uhr).

km 7–20 Von Himmelpfort nach Dannenwalde

Man durchquert den Ort auf der Klosterstraße und verlässt ihn im Rechtsbogen auf der Stolpseestraße in Richtung **Bredereiche.** *Jetzt geht es ca. 5 Kilometer in stetem Auf und Ab durch schattige Waldlandschaft bis in das aufgeräumte Dorf an der Havel, das zu Urlaub am Wasser einlädt. Vorbei an der hübschen, 1689 erbauten Dorfkirche mit reich verziertem Giebeldreieck am Ostgiebel überquert man rechts an der Schleuse den Fluss und radelt zwischen Feldern und Wiesen auf dem Dannenwalder Weg nach* **Dannenwalde 3.** *Nach rund 7 Kilometern geht es rechter Hand in den Ort.*

Für dieses Kirchlein steigt man gern vom Rad

Auf der linken Straßenseite erstrahlt das im frühen 18. Jahrhundert erbaute **Herrenhaus Dannenwalde** in neuem Glanz. Einst gehörte es der Familie von Waldow, 1941 wurden hier unter anderem Szenen der Verfilmung von Arthur Schnitzlers „Der Weg ins Freie“ mit Zarah Leander gedreht. Schräg gegenüber lädt die hübsche **Kirche am Weg** zur Pause ein. Das rosafarbene Achteck im neugotischen Stil entwarf um 1821 der Baumeister Hermann aus Zehdenick, ein Schüler Gillys bzw. Schinkels. Auf der anderen Seite der verkehrsreichen Durchgangsstraße B 96 liegt das denkmalgeschützte Bahnhofsgelände mit einem Barfußpark, in dem man bei Bedarf die müden Füße mobilisieren kann.

Von Dannenwalde zum Ziegeleipark Mildenberg km 20–34

Weiter geht es ein kurzes Stück an der B 96, einem Hofladen und dem kaum sichtbaren Kleinen Wentowsee entlang, dann weisen einen die Schilder links auf den Radweg entlang des Großen Wentowsees über **Wentow** *nach* **Zabelsdorf.** *Man passiert einige nette Badestellen. Dann folgt man am Kreisverkehr links der Ausschilderung nach* **Marienthal,** *wo man eventuell einen 1,8 Kilometer langen Abstecher zum schönen Ausflugslokal Mühle Tornow machen kann (dazu an der Abzweigung geradeaus weiter auf der Marienthaler Dorfstraße nach Tornow fahren). Ansonsten geht es links auf der Burgwaller Straße weiter über Burgwall Richtung* **Mildenberg.**

Inzwischen ist man im Gebiet der Ziegeleien angelangt. Die reichen Tonvorkommen in der feuchten Sumpflandschaft machten Ende des 19. Jahrhunderts die Gegend zu einem der wichtigsten Ziegeleireviere Europas, wo einst Milliarden von Ziegeln gebrannt und nach Berlin verschifft wurden. Mehr darüber lässt sich im **Ziegeleipark Mildenberg** erfahren, einem bedeutenden Relikt der Industriekultur, das heute beliebtes Erlebnisgelände ist. Eine Tonlorenbahn, 60 Ringöfen – einer von ihnen stammt von 1858 – und eine aktive Tongrube veranschaulichen den früheren Herstellungsprozess von Ziegeln. Dazu gesellen sich ein Abenteuerspielplatz, eine Badestelle, ein Grillplatz und der Alte Hafen mit einer Flotte von Booten und Jachten (Ziegelei 10 · www.ziegeleipark.de · (0 33 07) 31 04 10 · Apr.–Okt. tgl. 10–18 Uhr).

Vom Ziegeleipark Mildenberg nach Zehdenick km 34–42

Hat man auf dem Radweg einen Bogen um das Gelände geschlagen und es auf dem schmalen, idyllischen Weg zwischen den Gewässern Stackebrandts Pappelstich und Döberstich verlassen, fährt man nach links weiter auf der Straße Am Welsengraben an zahlreichen Stichteichen entlang nach **Zehdenick** 4**.** *Man folgt dabei immer dem gut ausgeschilderten Radweg.*

In Zehdenick angekommen, führt er nach links über Klausdamm und Bahnhofstraße ins Zentrum und dort an der großen Kreuzung wieder links die Berliner Straße hinunter zur Havel. Am Fluss hält man sich rechts und gelangt kurz darauf wieder links zur verträumten Klosteranlage.

Zehdenick

Auf dem Weg kann man einen Blick auf die **Stadtkirche** und das eher rustikale **Havelschloss** werfen. Es geht auf eine alte Burg zurück und steht heute als Hotel bei Hochzeitspaaren hoch im Kurs. Außerdem ist an der Stadtschleuse das **Schiffermuseum** in einem 42,5 Meter langen Großfinowmaßkahn untergekommen, allerdings nur selten von innen zu sehen.

Der schönste Ort des Städtchens ist die efeuumrankte **Ruine eines Nonnenklosters** mit idyllischem Innenhof und Kräutergarten. 1250 gegründet und später Wallfahrtsort, brannte das Kloster 1801 aus, nur der Nordflügel des Kreuzgangs blieb erhalten. Vom berühmten Zehdenicker Altartuch mit kunstvoller Leinenstickerei ist nur eine Abbildung zu sehen – das Original hängt in der Berliner Nikolaikirche. Zusammen mit der Klosterscheune dient die Ruine als stilvolle Kultur- und Begegnungsstätte samt Galerie (Kreuzgang Apr.–Sep. tgl. 10–18 Uhr, Führungen · (0 33 07) 4 91 99 69 · www.kloster-zehdenick.de · Außenanlage ständig zugänglich).

km 42–57

Von Zehdenick nach Liebenwalde

Der ausgeschilderte Radweg führt einen am Kloster vorbei und dann links auf die B 109, die hier Clara-Zetkin- bzw. Parkstraße heißt. Hat man Zehdenick wenig später nach links über die Straße Freiarche verlassen und den **Voßkanal** *erreicht, kann man wieder ordentlich in die Pedale treten. Es geht auf rund 13 Kilometern am Kanal entlang, während sich die Havel westlich davon durch Wiesen und Felder schlängelt. Links das Wasser, rechts ein Grüngürtel radelt man auf dem bequemen Fahrradweg, und wenn auf dem Kanal gerade Motorboote in derselben Richtung unterwegs sind, kann man mit den Freizeitkapitänen um die Wette fahren. Etwa 5 Kilometer hinter* **Krewelin** *(mit hübscher Fachwerkkirche!) überquert man den Kanal und radelt auf dem Bischofswerder Weg und der rechts abzweigenden Rudolf-Breitscheid-Straße nach* **Liebenwalde** 5.

Liebenwalde

Herzstück des von den wichtigen Wasserstraßen Finow- und Oder-Havel-Kanal sowie einem Stadthafen geprägten Städtchens ist der Marktplatz. Inmitten von adrett herausgeputzten Häusern ragt die mächtige, von Schinkel mitgestaltete **Kirche** von 1835 mit 30 Meter hohem Glockenturm hervor. An ihr vorbei führt der

Fahrradweg nach rechts auf der Berliner Straße zum Hafen mit der **Marina Liebenwalde.** Am Marktplatz 20 ist übrigens das **Heimatmuseum** im ehemaligen Stadtgefängnis untergekommen. An den früheren Knast erinnern noch Gitter, die Futterluke sowie Malereien der ehemaligen Insassen (Apr.–Okt. Di–So 10–16 Uhr).

Von Liebenwalde nach Oranienburg

km 57–78

Vom Marktplatz aus radelt man weiter auf der rechts abzweigenden Berliner Straße zum **Stadthafen,** *wo es auch Kaffee- und Imbisstände gibt. Dann überquert man auf der Berliner Straße (L 21) den Finowkanal und ein Stück weiter den Oder-Havel-Kanal. Kurz danach zweigt der Radweg rechts auf die Bernöwer Straße ab, eine gut ausgebaute Fahrradstraße. Die etwas monotone Strecke führt geradewegs durch grüne Waldlandschaft entlang der sogenannten Schnellen Havel über* **Bernöwe** *nach* **Friedrichsthal.** *Man fährt allerdings nicht bis in den Ort, sondern nach Überquerung des Oder-Havel-Kanals (mit nettem Gartenrestaurant am Ufer!) gleich links an diesem entlang weiter. An der Lehnitzschleuse vorbei gelangt man zum Lehnitzsee samt Strandbad und schließlich nach* **Orani-**

Ohne Luise Henriette gäbe es das Barockschloss von Oranienburg nicht

enburg ❻. *Über die Wörth-, die links abzweigende Heidelberger und die Dr. Heinrich-Byk-Straße trifft man, nach Unterquerung der Bahngleise, auf die rechts abzweigende Stralsunder Straße, die zum Bahnhof führt.*

Fährt man die Stralsunder Straße weiter und biegt dann links in die Bernauer Straße ab, kommt man nach etwa einem Kilometer direkt zum Oranienburger Schloss.

Oranienburg

Der Name der Kreisstadt löst gemischte Gefühle aus: Während das prachtvolle Barockschloss von Louise Henriette in die „Traumlandschaften einer Königin" entführt – so der Titel der Landesgartenschau von 2009 –, erinnert vor den Toren der Stadt die Gedenkstätte im ehemaligen Konzentrationslager Sachsenhausen an die einst hier betriebene systematische Vernichtung von Menschenleben. Außerdem liegt unweit vom Zentrum die 1893 gegründete **Obstbau-Siedlung Eden,** ein gelungenes Projekt der Lebensreformbewegung und beliebtes Wohnviertel im Grünen. Das Eden-Café ist sonntagnachmittags meist geöffnet (www.eden-eg.de).

Das **Schloss,** das der Große Kurfürst seiner Gemahlin Luise Henriette aus dem Hause Oranien schenkte und mit dem das Paar ein Zeichen für Toleranz und Fortschrittlichkeit setzte, war in seiner ursprünglichen Form von 1651 nur ein einfacher Landsitz.

Der Schlosspark wurde für die Landesgartenschau 2009 wiederhergestellt

Erst der Pracht liebende König Friedrich I. ließ diesen später zum opulenten Barockschloss ausbauen. Der Garten wurde um Orangerie, Grotte, Kaskade, Skulpturen und von der Havel gespeiste Teiche erweitert. Später verfiel das Gebäude und diente in der Nazizeit sogar als SS-Kaserne. Ende der 1990er-Jahre wurde es sorgsam saniert und als Museum eröffnet. Eine Fülle von Kunstgegenständen und Gemälden, darunter Werke des flämischen Malers van Dyck und kostbares Porzellan, lässt die Zeit der früheren Schlossherren lebendig werden. In einem anderen Teil des Gebäudes rollt das **Kreismuseum** die Geschichte Oranienburgs auf (Schlossplatz 1 · (0 33 01) 53 74 37 · www.spsg.de · Mo geschlossen).

Seit seiner Wiederherstellung im Zuge der Landesgartenschau 2009 ist jedoch der **Schlosspark** Hauptanziehungspunkt für Besucher.

Abstecher zur Gedenkstätte Sachsenhausen

Vom Bahnhof knappe 2 Kilometer entfernt, erinnert die **Gedenkstätte und Museum Sachsenhausen** *an eines der düstersten Kapitel der deutschen Geschichte. Um hinzukommen folgt man der Bernauer Straße nach rechts und biegt dann links in die Straße der Einheit ein. Über die rechts abzweigende Straße der Nationen erreicht man den Eingang zum Gedenkstättengelände.*

Während der Naziherrschaft waren hier um die 200 000 Menschen aus allen Teilen Europas inhaftiert. Zehntausende von ihnen starben an den Folgen von Hunger, Zwangsarbeit, Misshandlung oder wurden ermordet. 1941 errichtete man eine Massenerschießungsanlage, in der systematisch 13 000 bis 18 000 sowjetische Kriegsgefangene hingerichtet wurden. Das in Form eines gleichschenkligen Dreiecks als „idealtypisches KZ“ angelegte Lager erlaubte eine totale Überwachung von jedem Eckpunkt aus und verkörperte dadurch architektonisch den absoluten Machtanspruch.

In einem etwas davon entfernten Bereich unterhielt nach Kriegsende der sowjetische Geheimdienst bis 1950 sein Speziallager Nr. 7, in dem nicht nur NS-Funktionäre, sondern auch willkürlich Verhaftete einsaßen und rund 12 000 an Mangelernährung oder Krankheiten starben (Straße der Nationen 22 · (03 31) 20 02 00 · www.sachsenhausen-sbg.de · Mitte März–Mitte Okt. tgl. 8.30–18, im Winter bis 16.30 Uhr und Mo geschlossen).

Fürstenberg – Templin

15 Quer durch den Naturpark Uckermärkische Seen

Start	Ziel	Länge	Fahrzeit
Bhf. Fürstenberg	Bhf. Templin-Stadt	37 km	ca. 3,5 Std.

Wasser und Wälder satt verspricht diese Tour auf gut ausgebauten Fahrradwegen, die durch die südlichen Ausläufer der Mecklenburgischen Seenplatte führen. Der Naturpark Uckermärkische Seen mit seinen klaren Gewässern ist ein Paradies für Wasserwanderer, aber auch vom Fahrrad aus schön anzusehen. Unterwegs geht es durch ausgedehnte Buchen- und Kiefernwälder, vorbei an liebenswerten Orten wie Himmelpfort mit seiner romantischen Klosterruine und dem Weihnachtspostamt. Weitere Station ist die von Gewässern umschlossene Flößerstadt Lychen, bevor einen Templin, die „Perle der Uckermark", mit intakter Stadtmauer, zahlreichen Toren und Wiekhäusern empfängt.

Neben viel Wasser säumen auch schattige Wälder den Weg

Infos zur Tour

Anfahrt
Bahnhof Fürstenberg
(RE 5 stündlich ab Berlin Hbf., ca. 65 Min.)

Rückfahrt
Bahnhof Templin Stadt
(RB 12 stündlich entweder nach Berlin Lichtenberg, ca. 1 Std. 35 Min., oder bis Eberswalde oder Oranienburg und weiter mit RE 5 nach Berlin Hbf., ca. 1 Std. 45 Min.)

Kombinationsmöglichkeiten
Die Tour ist gut kombinierbar mit Tour 13 von Neuruppin nach Fürstenberg. Verlängern kann man mit Tour 16 von Templin nach Chorin (und als Mehrtagestour weiter mit den Touren 17 und 18 bis Küstrin).

Streckenverlauf
Fürstenberg – Himmelpfort – Lychen – Alt Placht – Gandenitz – Templin

Streckencharakteristik
Landschaftlich und kulturell reizvolle Tour auf teils guten, asphaltierten Fahrradwegen, teils Waldwegen sowie einigen Kilometern auf oder an Landstraßen.

Schwierigkeit
Einfach

Beschilderung
Tour Brandenburg

Information
Haus des Gastes · Himmelpfort
Touristinformation mit Weihnachtsstube, Café, Radverleih und Herberge. Klosterstraße 23 · 16798 Himmelpfort · (03 30 89) 4 18 88 · www.weihnachtshaus-himmelpfort.de · Mai–Sep. tgl. 10 –18 Uhr, Apr./Okt. Mo–Fr 10–17, Sa 10–13 Uhr, Nov.–März Mo–Fr 10–16 Uhr

Fahrradverleih
Zweiradcenter Intress · Fürstenberg
(▸ Tour 14, Seite 145)

E-Bike Vermietung-Fürstenberg
(▸ Tour 14, Seite 145)

Ladestationen
Lychen
Tourist-Information · Am Markt 12 · (03 98 88) 22 55 · www.tourismus-lychen.de · Öffnungszeiten beachten!

Vor dem Kundencenter der Stadtwerke · Ecke Stargarder Straße/Am Markt

Templin
Tourist-Information · Am Markt 19 · (0 39 87) 26 31 · www.templin.de · Öffnungszeiten beachten!

NaturThermeTemplin · Dargersdorfer Straße 121 (siehe unten)

Baden
Zahlreiche Badestellen, z. B. am Stolp-, Haus- und Moderfitzsee in Himmelpfort, am Zens- und Wurlsee in Lychen, am Lübbesee in Templin

NaturThermeTemplin
Dargersdorfer Straße 121 · (0 39 87) 20 12 00 · www.naturthermetemplin.de · tgl. 9–21 Uhr

Einkehren

Kunstpause · Lychen
Mit Café und Terrasse ein liebenswerter, unprätentiöser Ort im Grünen, wo es neben Kaffee und Kuchen auch herzhaften Mittagstisch gibt.
Berliner Straße 60 · 17279 Lychen · (03 98 88) 5 26 45 · www.kunstpause-lychen.de · Mi–So 11–18 Uhr

Mühlenwirtschaft · Lychen
In der alten Mühle bewirtet ein schönes Café mit großer Gartenterrasse die Besucher.
Stabenstraße 2 · 17279 Lychen · (03 98 88) 52 48 76 · www.muehlen-mahlzeit.de · Di–So 14–20 Uhr

Weinberg 19 · Templin
Bistro mit feinen, regionalen Speisen und sehr gutem Preis-Leistungs-Verhältnis.
Weinbergstraße 19 · 17268 Templin · (0 39 87) 43 98 37 · www.weinberg19.de · tgl. 8–18 Uhr

km 0–7 Vom Bahnhof Fürstenberg nach Himmelpfort

(Touranfang bis Himmelpfort identisch mit Tour 14)

Vor dem **Bahnhof** 1 *fährt man links durch die Luisenstraße und weiter im Rechtsbogen aus der Stadt hinaus in Richtung Himmelpfort. Gemäß der Ausschilderung fährt man auf der Ravensbrücker Dorfstraße in eine weite Rechtskurve und folgt ihr weiter nach rechts, wo die Straße sich gabelt. Sie geht in die Himmelpforter Landstraße über. Bald erinnert auf der rechten Seite in der Straße der Nationen die* **Mahn- und Gedenkstätte Ravensbrück** *(▸ Seite 148) an eines der finstersten Kapitel der deutschen Geschichte.*

Von der Gedenkstätte führt der als Havelradweg und Radweg Berlin-Kopenhagen ausgeschilderte Weg weiter nach **Himmelpfort** 2 *(▸ Seite 149), das inmitten einer lieblichen Seenlandschaft liegt. Erst taucht links der* **Sidowsee** *zwischen Bäumen auf, während sich rechts der weitaus größere* **Stolpsee** *ausbreitet, dazwischen gruppiert sich das Dorf um die mittelalterliche* **Klosterruine.** *Wer dorthin möchte, biegt am Ende der Fürstenberger Straße rechts in die Klosterstraße ein.*

km 7–15 Von Himmelpfort nach Lychen

Zurück an der Weggabelung Fürstenberger Straße/Klosterstraße biegt man nun links in die Straße Zur Hasenheide und fährt geradeaus, bis rechts die Abzweigung zur Alten Lychener Landstraße

Dabelow
Großer Kastaven-see
Thymensee
B 96
Fürstenberg/Havel
Röblinsee
Schwedtsee
Himmelpfortner Weg
Gedenkstätte Ravensbrück
Draisinenbahn
Sidowsee
Moderfitzsee
Haussee
Stolpsee
Klosterruine
Fürstenberg 1
Himmelpfort 2
Zootzen
Bredereiche
Blumenow
1000 m
N
B 96
Lychen 3
Wurlsee
Flößereimuseum
Oberpfuhl
Mühlenwirtschaft
Kunstpause
St. Johannes
Gr. Lychensee
Zenssee
Tangersdorf
Havel
Großer Küstrinsee
Naturpark
Uckermärkische
Seen
Warthe
Leiterberge
Platkowsee
Gandenitz
Peter-u.-Paul-Kirche
Alt Placht
Kirchlein im Grünen
Draisine Templin–Fürstenberg
Densow
Annenwalde
Neu Placht
Beutel
Röddelin
Röddelinsee
B 109
Netzowsee
Templin 4
Templiner See
Weinberg 19
Neuer Weg
St. Magdalenen
Berliner Tor
Templin Stadt
Templin

(Draisinenhaltepunkt) folgt. Auf der stillgelegten Bahnstrecke Fürstenberg-Lychen-Templin werden Draisinenfahrten angeboten ((0 33 77) 3 30 08 50 · www.erlebnisbahn.de · Apr.–Okt.).

Jetzt radelt man durch den Wald vorbei am **Moderfitzsee,** *der immer wieder zwischen den Bäumen hervorlugt. Die erste Abzweigung lässt man links liegen und folgt dem Seeufer, bis 200 Meter hinter dem Rastplatz links der ausgeschilderte Radweg nach Lychen abzweigt. Der bequeme, leicht hügelige Weg führt parallel zur Draisinenstrecke durch schönen Kiefernwald zum* **Großen Lychensee,** *wo der Ferienpark Seenland das Ufer säumt. Es geht links am malerischen Seeufer entlang. Man kreuzt die Draisinenstrecke, hält sich am Schild „Rundweg Spurensuche“ rechts, fährt durch eine Unterführung und auf der anderen Seite rechts an der Landstraße entlang weiter durch schönen Buchenwald bis nach* **Lychen** 3**.** *Nach kleineren Steigungen gelangt man auf der Berliner, später Fürstenberger Straße ins Stadtzentrum.*

Lychen

Eingebettet zwischen Wurlsee, Oberpfuhl, Nesselpfuhl, Stadtsee und Großem Lychensee hat der staatlich anerkannte Erholungsort Lychen eine privilegierte Lage inmitten des **Naturparks Uckermärkische Seen,** wo sich Moore, sanft gewellte Sanderflächen sowie Kiefern- und Buchenwälder abwechseln. Rund ein Zehntel des gesamtdeutschen Bestandes an See-, Schrei- und Fischadlern brütet im Naturpark, außerdem ist das Gebiet Heimat von 1 200 zum Teil gefährdeten Pflanzenarten wie dem Gelben Knabenkraut.

Im beschaulichen Städtchen Lychen wurden noch bis 1968 Flöße als Transportmittel benutzt. Noch viel weiter in die Vergangenheit zurück reicht die Geschichte der alten **Stadtmauer** und der drei historischen **Stadttore.** Sie stammen aus dem 13. Jahrhundert, ebenso wie die Feldsteinkirche **St. Johannes.** Ihrem trutzigen Turm ist noch anzusehen, dass sie ursprünglich als Wehrkirche entstand. Am Marktplatz hat das barocke **Rathaus** von 1747 überdauert. Dass die Menschen hier früher hauptsächlich vom Flößen lebten, veranschaulicht das **Flößereimuseum** mit Ausstellungsstücken aus dem Fundus alter Flößerfamilien (Clara-Zetkin-Straße 1 · (03 98 88) 49 99 73 · www.floesserverein-lychen.de · Juni–Okt. Di–So 10–18 Uhr).

Von Lychen nach Templin

km 15–36

Man verlässt das Stadtzentrum in südlicher Richtung auf der Templiner Straße und überquert den Stadtsee. Am anderen Ufer wird die teils steil ansteigende Straße bald zur Zehdenicker Straße. Links erstreckt sich das historische Kurviertel. 1902 waren hier die Volksheilstätten Hohenlychen errichtet worden, ein bald in ganz Deutschland bekanntes, renommiertes Gesundheitszentrum für Lungenkrankheiten. Nach wechselvoller Geschichte und langer Zeit des Leerstands und Verfalls wird der Komplex seit einigen Jahren edel saniert.

Ein kurzes Stück weiter auf der Zehdenicker Straße, etwa auf der Höhe des Supermarkts Netto, biegt man links in den ausgeschilderten Radweg nach Templin/Alt Placht ein. Schon nach etwa 50 Metern nimmt man rechts die Abzweigung Wuppgarten/Gandenitz. Jetzt folgt eine sehr reizvolle, etwa 7 Kilometer lange Strecke mit leichten Steigungen durch herrlichen Buchen-, später auch Kiefernwald.

Bei der Abzweigung Gandenitz/Alt Placht sollte man unbedingt den kleinen Abstecher nach **Alt Placht** mit seiner hübschen Fachwerkkirche unter uralten Linden machen (etwa 500 Meter). Um 1700 von Hugenotten erbaut, mutet das liebevoll sanierte **Kirchlein im Grünen** mit seinen hellen Lehmwänden und den blauen Holzbalken überaus charmant an.

Von Hugenotten erbaut: das Kirchlein im Grünen

An der Abzweigung Gandenitz/Alt Placht fährt man indes weiter nach **Gandenitz.** *An einem Tiergehege mit Damwild vorbei geht es durch den langgezogenen Ort. Wer will, kann sich auf dem Friedhof mit der* **Feldsteinkirche Peter und Paul** *aus dem 13. Jahrhundert umsehen, bevor die letzte Etappe nach Templin in Angriff genommen wird.*

Dazu fährt man auf der Kreisstraße im Rechtsbogen in Richtung Templin aus dem Ort hinaus, bis wenig später rechts an der Info-Tafel „Templin – Perle der Uckermark" der Fahrradweg abzweigt. Über einen Waldweg, der später eine Landstraße kreuzt, und auf einer Alleenstraße erreicht man nach gut 30 Minuten die ersten Häuser von **Templin.** *Hier biegt man links in den Neuen Weg, dann rechts in die Lychener Straße, wieder links in die Knehdener und von ihr rechts in die Weinbergstraße ein. Über eine überdachte Holzbrücke gelangt man am Terrassen-Café Weinberg 19 vorbei zur Seestraße, die am Templiner Kanal entlang zum* **Templiner See** *führt. Auch hier breitet sich jede Menge Wasser im Stadtgebiet aus, eingerahmt von üppigem Grün. Wer direkt zum Bahnhof will, kann hier geradeaus weiter auf der Seestraße bleiben, bis*

Viel Grün umgibt Templin, die Perle der Uckermark

es leicht links durch die Robert-Koch-Straße zum Bahnhof geht. Ins sehenswerte **Stadtzentrum von Templin** ❹ *geht es über die Martin-Luther-Straße nach links.*

Templin

Eingebettet zwischen mehrere Seen, die zum Baden, Kanufahren oder Touren mit dem Ausflugsdampfer einladen, gilt Templin zu Recht als Perle der Uckermark. Den Ortskern umgibt eine völlig intakte **Stadtmauer** aus dem 13. und 14. Jahrhundert. Bewacht von 47 Türmen mit dicken Mauern und Schießscharten, konnte die 1230 gegründete Stadt niemals eingenommen werden. Allerdings haben ihr der Dreißigjährige Krieg und mehrere Großbrände zugesetzt. Die Fachwerkbebauung im rechtwinkligen Stadtgrundriss hat zwar überdauert, doch das barocke Rathaus von 1750 mit Walmdach und terrakottafarbener Fassade musste wiederaufgebaut werden – hier ist unter anderem der Tourismus-Service Templin untergekommen.

Auch die barocke Stadtkirche **St. Magdalenen** hat sich erhalten. 1745–1749 nach dem großen Stadtbrand erbaut, ragt über dem barocken Putzbau ein Turm mit kupferbeschlagener Laterne und Haube hervor. Ohne Beschädigungen durch Brände ist die **St.-Georgen-Kapelle** in Backsteingotik mit schönem Kreuzrippengewölbe aus dem 14. Jahrhundert davongekommen. Nicht weit von ihr entfernt markiert das **Berliner Tor** den südlichen Teil der Stadtmauer. Das dreigeschossige Bauwerk ist eins der schönsten Beispiele norddeutscher Backsteingotik und zeugt vom einstigen Reichtum Templins.

Im nordwestlich gelegenen **Prenzlauer Tor** ist das Museum für Stadtgeschichte mit einer Dauerausstellung untergebracht (Prenzlauer Tor · (0 39 87) 2 00 05 26 · Mai–Sep. Di–Fr 10–17, Sa/So 13–17 Uhr, sonst Mo–Fr 10–16, Sa/So 13–15 Uhr). Stadtführungen finden Di um 14 Uhr, von Mai–Sep. auch Sa um 10.30 Uhr statt (Voranmeldung bei der Touristinfo unter Tel. (0 39 87) 26 31).

Vom Stadtzentrum zum Bahnhof Templin Stadt

km 36–37

Um aus dem Stadtkern zum Bahnhof zu gelangen, fährt man vom Markt in östlicher Richtung auf der Oberen Mühlenstraße, biegt links in die Friedrich-Engels-Straße und gelangt bald rechts über die Robert-Koch-Straße zum Bahnhof Templin Stadt.

Templin – Chorin

16 Durch die Schorfheide zum Meisterwerk der Hochgotik

Start	Ziel	Länge	Fahrzeit
Bhf. Templin Stadt	Bhf. Chorin	49 km	ca. 3 Std.

Neben viel Wald und Seen mit netten Badestellen liegen gleich drei historisch interessante Orte auf dieser Etappe der Tour Brandenburg. Los geht es in der mittelalterlichen Stadt Templin mit komplett erhaltener Stadtmauer samt Toren und Türmen. Über das Schorfheide-Städtchen Joachimsthal, wo jahrhundertelang Könige, Kaiser und schließlich DDR-Funktionäre auf die Jagd gingen, gelangt man zum Ziel und Höhepunkt der Tour, der romantischen Ruine des ehemaligen Zisterzienserklosters Chorin. Sie ist eins der schönsten und bedeutendsten Baudenkmäler Brandenburgs.

Am Lübbesee herrscht fast schon Karibikfeeling

Infos zur Tour

Anfahrt
Bahnhof Templin Stadt
(RB 12 ab Ostkreuz alle 60 Min.,
ca. 1 Std. 30 Min.)

Rückfahrt
Bahnhof Chorin
(RE 3 alle 60 Min. nach Berlin Hbf.,
ca. 50 Min., letzte Fahrt 23.43 Uhr)

Streckenverlauf
Templin – Ahlimbsmühle – Gollin – Friedrichswalde – Joachimsthal – Althüttendorf – Senftenhütte – Chorin

Streckencharakteristik
Landschaftlich und kulturell sehr reizvolle Tour auf meist gut ausgebauten, asphaltierten Fahrradwegen; kurze Abschnitte auf oder an Landstraßen.

Schwierigkeit
Einfach

Beschilderung
Tour Brandenburg

Varianten
Man kann die Tour auch in Joachimsthal oder am Kaiserbahnhof Joachimsthal beenden.

Kombinationsmöglichkeiten
Die Tour ist gut kombinierbar mit der Tour 15 von Fürstenberg nach Templin.

Information
Tourist-Information Templin
Am Markt 19 · (0 39 87) 26 31 ·
www.templin.de

Fahrradverleih
Radcenter Templin
Pestalozzistraße 21 · 17268 Templin ·
(0 39 87) 43 94 52 ·
www.radcenter-templin.de ·
Mo–Fr 9–18, Sa 9–12 Uhr

Fahrradservice Winkler
Martin-Luther-Straße 28 ·
17268 Templin · (0 39 87) 29 97 ·
www.fahrradservice-winkler.de ·
tgl. 10–17 Uhr

Ladestationen
Joachimsthal
Schorfheide-Info · Joachimsplatz 1–3 ·
www.amt-joachimsthal.de
(▸ Seite 169)

An der Biorama-Aussichtsplattform
(▸ Seite 170)

Chorin
E-Bike Ladestation am Kloster

Baden
Badestellen am Lübbesee, Grimnitzer See und Amtssee

Draisine
Templin–Fürstenberg
Templin Stadt
1
Templin
Post-
heim
Ahrensdorf
Milmersdorf
Templin
Lübbesee
B 109
Milmersdorf
Petersdorf
Ahlimbsmühle
Hammelspring
Dargersdorf
Polsensee
Vietmannsdorf
Gollin
Reiersdorf
Großer
Gollinsee
Großdöllner
See
Groß
Schönebeck
Groß Schönebeck
Schorfheide
N
1000 m

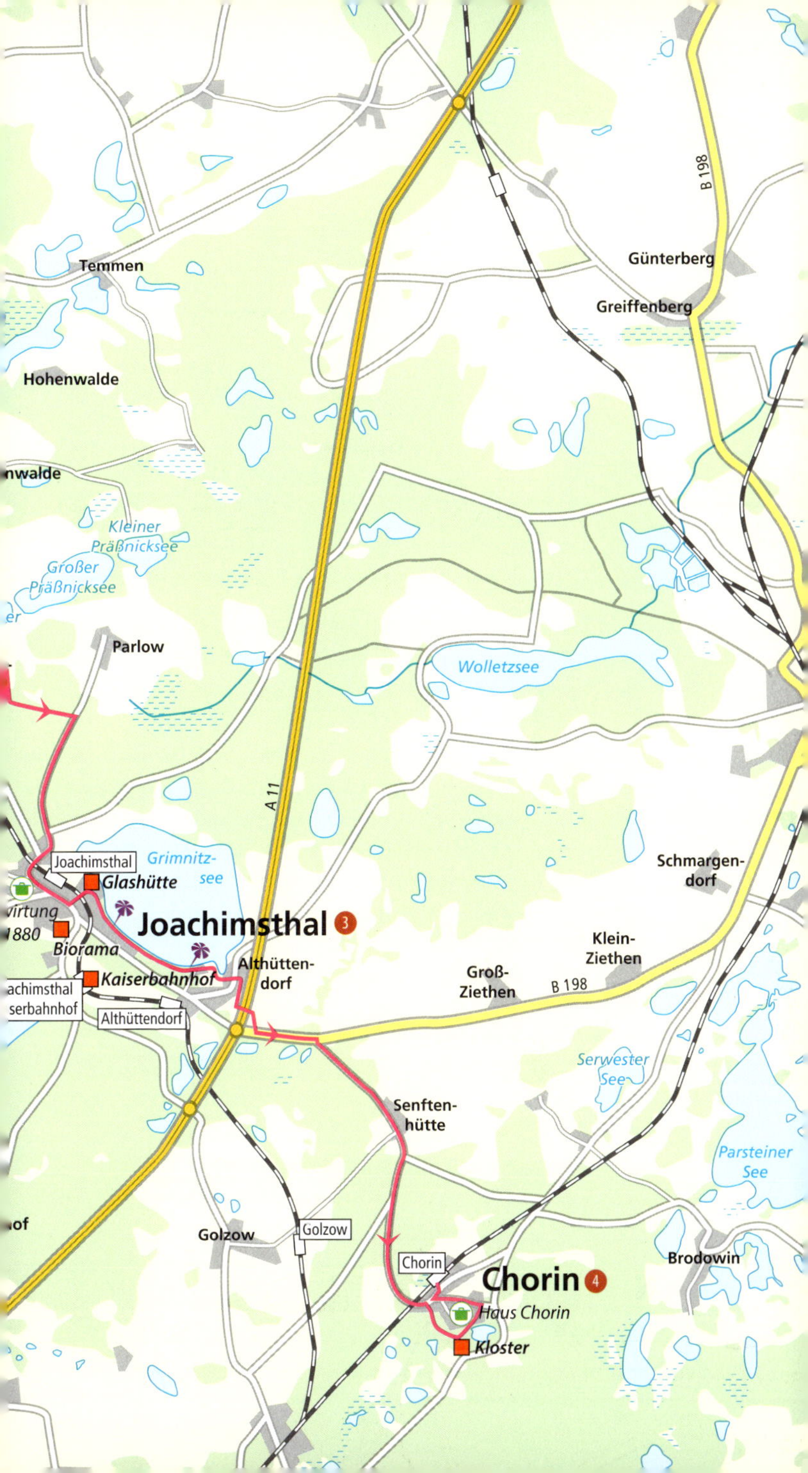

B 198
Temmen
Günterberg
Greiffenberg
Hohenwalde
nwalde
Kleiner Präßnicksee
Großer Präßnicksee
er
Parlow
Wolletzsee
A 11
Grimnitz-see
Joachimsthal
Glashütte
virtung
1880
Biorama
Joachimsthal 3
Althütten-dorf
Kaiserbahnhof
achimsthal serbahnhof
Althüttendorf
Schmargen-dorf
Klein-Ziethen
Groß-Ziethen
B 198
Serwester See
Senften-hütte
Parsteiner See
hof
Golzow
Golzow
Brodowin
Chorin
Chorin 4
Haus Chorin
Kloster

Einkehren

Bewirtung 1880 · Joachimsthal
Neben einer großen Auswahl an Eisspezialitäten, Kaffee und Kuchen gibt es hier auch originelle Speisen wie Kirschsuppe oder Langos.
Schulstraße 2 · 16247 Joachimsthal · (03 33 61) 7 03 73
Di–Fr 12–22, Sa/So 14–22 Uhr

Hotel Haus Chorin
Als Gastgeber des Jahres 2020 bietet das Hotel mit freundlichen Zimmern am Amtssee und großer Sonnenterrasse gutbürgerliche Küche zu gehobenen Preisen. Zu ihm gehört auch die urige Alte Klosterschänke beim Kloster, die am Wochenende ab 12 Uhr öffnet.
Neue Klosterallee 10 · 16230 Chorin · (03 33 66) 5 00 · www.chorin.de · Restaurant tgl. 18–22 Uhr · DZ ab 69 €

km 0–21 Von Templin nach Friedrichswalde

Wer sich erst noch in Templin (▸ Tour 15, Seite 163) umsehen möchte, fährt vom **Bahnhof** ❶ *links auf der Robert-Koch-Straße ins Zentrum. Ansonsten radelt man die Straße rechts hinunter, sie heißt hier Dargersdorfer Straße, bis links die Ausschilderung den Weg nach* **Postheim/Angermünde** *weist. Bald gelangt man aus dem Siedlungsgebiet hinaus in schattige Waldlandschaft, wo es in stetem Auf und Ab zum* **Lübbesee** *geht. Nahe des großen Ahorn-Seehotels lädt ein Strand mit großer Wiese zum Baden ein, anschließend verläuft der Radweg mehr oder weniger weit vom Ufer entfernt.*

Nach **Albrechtsthal** *gelangt man durch Felder und Wiesen nach* **Ahlimbsmühle,** *wo man rechts entlang der Alleenstraße L 100 in Richtung* **Gollin** *radelt. Weiter der Ausschilderung nach Angermünde folgend, führt der Weg schon bald hinter dem Ortseingang von Gollin scharf links weiter. Vorbei an einer historischen Oberförsterei und der Fledermauswaldschule Reiersdorf gelangt man ins 21 Kilometer entfernte* **Friedrichswalde** ❷**.**

Das 1748 auf Erlass von Friedrich dem Großen gegründete Dorf ist für seine frühere Holzschuhfabrikation bekannt, an die eine leider nur selten zugängliche Schauwerkstatt in der Heimatstube in der Dorfmitte erinnert.

Von Friedrichswalde nach Joachimsthal

km 21–30

Man durchquert den aufgeräumten Ort auf der Dorfstraße, bis die Radstrecke gegenüber vom Café und Eisbar Winkelmann links auf der Straße Zum Lindenhof aus dem Ort hinausführt. Nun schlägt der Weg einen Bogen durch Wiesen und Felder um den **Krummen See** *herum. Am Knotenpunkt 52, wo man auf den Fernradweg Berlin-Usedom trifft, hält man sich rechts und radelt in Richtung* **Joachimsthal** 3 *weiter. An der Glambecker Straße geht es rechts und anschließend auf der Templiner Straße links in das Schorfheide-Städtchen hinein. Links zweigt die Bahnhofstraße zum Bahnhof ab. Ansonsten folgt man der Hauptstraße, die über eine Linkskurve zur Töpferstraße wird. Wer sich im Ort umsehen möchte, fährt in dieser Kurve, kurz vor der* **Schorfheide-Info,** *geradeaus weiter ins Zentrum.*

Joachimsthal

Eingebettet in die idyllische Biosphärenlandschaft der Schorfheide zwischen Grimnitz- und Werbellinsee mit ausgedehnten Buchenwäldern stand das Städtchen jahrhundertelang im Zeichen der Jagd. Dieser Leidenschaft frönten hier preußische Könige ebenso wie DDR-Größen wie Staatschef Erich Honecker oder Stasiminister Erich Mielke. Einer der ersten Mächtigen, der hier sein Waidmanns Heil suchte, war Kurfürst Joachim I., der dem

Sorgt für Weitblick: der Aussichtsturm des Biorama-Projekts

Ort auch seinen Namen gab. An ihn erinnert der **Kurfürstenbrunnen** im Zentrum gegenüber vom Rathaus mit kleinem Skulpturengarten. Auf dem Sockel stehend begutachtet der Kurfürst ein Glasprodukt aus der seinerzeit hier ansässigen Glashütte. Gleich dabei steht die neugotische **Schinkelkirche** mit filigranem Ziergiebel. Ein Stück davon entfernt kann man am Wasserturm vom 123 Meter hohen Aussichtsturm des **Biorama-Projekts** die Landschaft mit dem Grimnitzsee überblicken (www.biorama-projekt.org · Ostern–Okt. Do–So, Fei 11–18 Uhr).

Ein besonderes Highlight ist der **Kaiserbahnhof** im Fachwerkstil. Benannt nach Kaiser Wilhelm II., der 1898 mit der Bahn zur Jagd anreiste, ist aus dem hübschen Gebäude Deutschlands erster Hörspielbahnhof geworden, wo man im Sommer spannenden Geschichten und Lesungen lauschen kann. Nach Voranmeldung werden auch Führungen angeboten ((03 33 61) 6 46 46 · www.hoerspielbahnhof-joachimsthal.de · Führungen ab 10 Pers. 2 €).

km 30–35 Von Joachimsthal nach Althüttendorf

Man fährt auf der Töpferstraße durch den Ort, bis links die Grimnitzer Straße abzweigt. Sie führt vorbei an der Ruine der **Askanierburg,** *wo man im Sommer an jedem ersten Samstag im Monat in die Kellergewölbe schauen und schräg gegenüber einen Blick in die Werkstatt der* **Grimnitzer Glashütte** *werfen kann (www.glashuette-grimnitz.de). Dann geht es rechts auf der Hövelstraße zum* **Grimnitzer See** *und an Ferienanlagen und einem Bungalowdorf entlang durch die bewaldete Uferlandschaft des weitläufigen, flachen Sees. Man passiert einige Badestellen und einen Naturbeobachtungspunkt und folgt dem Wiesenweg nach* **Althüttendorf,** *wo man sich auf der nach rechts abzweigenden Dorfstraße vom See entfernt.*

km 35–49 Von Althüttendorf nach Chorin

An der Straßengabelung direkt hinter der hübschen Dorfkirche hält man sich links und fährt auf der Straße Zu den Ihlowbergen aus dem Ort hinaus, über die A 11 hinweg und schließlich zur B 198. Jetzt folgt links ein etwas unangenehmes Stück auf viel befahrener Landstraße, bis nach ca. 1,5 Kilometern rechts wieder ein Waldweg abzweigt. Nun geht es durch Waldlandschaft, bis man schließlich auf der Straße Am Krausenberg den Ort **Senftenhütte** *erreicht.*

Kloster Chorin gehört zu den schönsten Baudenkmälern Brandenburgs

Wo sich kurz hinter dem Ortseingang die Straße gabelt, setzt man die Tour auf der rechts abzweigenden Lindenstraße und wieder rechts auf der Straße Choriner Ende fort, bis rechts der Fahrradweg nach **Chorin** 4 *abzweigt. Erreicht man das Dorf auf dem Golzower Weg, geht es am Knotenpunkt 82 links zum Historischen Bahnhof Chorin. Vor einigen Jahren aufwendig saniert, bereitet er Besuchern einen schönen Empfang. Das Dorf selbst lässt – außer der Radlerpension Buntspecht – Einkehrmöglichkeiten leider vermissen. Die findet man erst rund um das* **Kloster** *und den* **Amtssee** *mit seinen Badestellen, zu denen rechts ein etwas holperiger Weg führt.*

Vom Kloster zum Bahnhof zurück gelangt man auf demselben Weg oder man fährt weiter am Hotel Haus Chorin vorbei, über die Alte Klosterallee und den Hüttenweg.

Kloster Chorin

Eingebettet in die Waldlandschaft am Amtssee ist das Zisterzienserkloster eins der schönsten Baudenkmäler Brandenburgs. Sein besonderer Reiz liegt – nicht nur Fontane zufolge – gerade darin, dass es eine Ruine ist. Von Weitem lugen geheimnisvoll

Stille Morgenstunde am Amtssee

Teile des backsteinroten Gebäudeensembles zwischen hohen Bäumen hervor, bei näherem Hinsehen entpuppen sich die Gemäuer als Meisterwerk der Hochgotik.

Mit der Gründung von Chorin im Jahr 1272 begannen die Zisterzienser nicht nur, die Gegend landwirtschaftlich zu nutzen. Die Söhne des brandenburgischen Markgrafen Johann I. bestimmten es auch zu ihrem Haus- und Begräbniskloster. Es hatte einen Vorläuferbau am nahegelegenen Parsteiner See gegeben, der aber noch vor seiner Vollendung aufgegeben und durch den Neubau am Amtssee ersetzt wurde.

In der zweiten Hälfte des 13. Jahrhunderts begonnen, zeigt das Kloster zwar noch romanische Elemente, wurde aber im Stil der Backsteingotik vollendet. Herzstück ist die dreischiffige **Gewölbebasilika** mit Querschiff und Chor. Auch wenn der Zisterzienserorden den Klostergebäuden Schlichtheit verordnete, fiel dieses hier – wohl aufgrund des Repräsentationswillens des damaligen Herrschergeschlechts – überaus reich verziert und elegant aus. So schmückt nicht nur ein Lilienfries die Kirche, besonders schön anzusehen sind auch der Querhausgiebel und die filigrane Ziegelbauweise der hoch aufragenden Westfront.

Zwischen Kirche und Klausur entstand der sogenannte **Fürstensaal** für den Landesherrn. Von der Klausur haben sich der Ost- und Westflügel mit dem **Kreuzgang** erhalten, sowie ein Brüdersaal, die Küche, ein **Pfortenhaus** an der Westseite und das Brauhaus.

Nachdem das Kloster nach der Reformation 1542 aufgelöst wurde, brannte es im Dreißigjährigen Krieg teilweise aus und verfiel. Erst im 19. Jahrhundert setzte sich der Baumeister Karl Friedrich Schinkel für die Erhaltung der romantischen Ruine als Denkmal von nationaler Bedeutung ein. Heute gibt sie mal die Kulisse für den Choriner Musiksommer, mal für Bauern- oder Weihnachtsmärkte ab und lädt mit dem Klostercafé zur stimmungsvollen Verschnaufpause ein (Klosteranlage Chorin · Apr.–Okt. 9–18, Nov.–März 10–16 Uhr · www.kloster-chorin.org · Klostercafé geöffnet von Ostern bis Dez.).

Chorin – Bad Freienwalde

Auf alten Schifffahrtswegen ins Oderbruch 17

Start	Ziel	Länge	Fahrzeit
Bhf. Chorin	Bhf. Bad Freienwalde	46 km	ca. 4 Std.

Die größten Besuchermagneten des Barnimer Lands – das Zisterzienserkloster Chorin und das Schiffshebewerk in Niederfinow – liegen auf dieser Etappe der Tour Brandenburg, des längsten Radfernwegs Deutschlands. Außerdem kreuzt man viele verschiedene Wasserstraßen: Nach Überquerung des Oder-Havel-Kanals, der Wriezener Alten Oder und der Alten Finow erreicht man das liebenswerte Städtchen Oderberg, bevor man an die eigentliche Oder gelangt. Gemächlich mäandert der Grenzfluss zu Polen durch liebliche Auenlandschaft. Am Fontanehaus in Schiffmühle vorbei geht es schließlich in den ältesten Kurort Brandenburgs.

Der Blick über die Oderlandschaft ist immer wieder Balsam für Seele und Augen

Infos zur Tour

Anfahrt
Bahnhof Chorin (RE 3 alle 60 Min., ca. 45 Min. ab Hauptbahnhof)

Rückfahrt
Bahnhof Bad Freienwalde (wochentags stündlich, am Wochenende alle 2 Std. mit RB 60 und RE 3 über Eberswalde nach Berlin Hbf., ca. 1 Std. 10 Min.)

Kombinationsmöglichkeiten
Die Tour ist kombinierbar mit Tour 16 von Templin nach Chorin sowie mit Tour 18, die von Bad Freienwalde an die Oder und immer am Fluss entlang bis Küstrin Kietz führt.

Streckenverlauf
Chorin – Sandkrug – Stecherschleuse – Niederfinow – Liepe – Bralitz – Oderberg – Hohensaaten – Hohenwutzen – Altglietzen – Schiffmühle – Bad Freienwalde

Streckencharakteristik
Landschaftlich und kulturell reizvolle Tour auf gut ausgebauten Radwegen, Wald- und Feldwegen

Schwierigkeit
Einfach

Beschilderung
Tour Brandenburg

Information
www.seenland-oderspree.de
www.reiseland-brandenburg.de

Fahrradverleih
Fahrradverleih am Bahnhof Chorin
One-Way-Touren, auch Lieferung und Abholung möglich .
Choriner Bahnhofstraße 2 ·
16230 Chorin ·
(01 62) 4 66 40 51 · www.fahrradverleih-chorin.de · März-Okt.

Ladestationen
Oderberg
am Binnenschifffahrtsmuseum gegenüber der Tourist-Information · Hermann-Seidel-Straße 44
(▸ Seite 180)

Marina Oderberg
Altes Bruch 5 · (03 33 69) 7 55 40 ·
www.marina-oderberg.de

Bad Freienwalde
Tourist-Information ·
Uchtenhagenstraße 3 ·
(0 33 44) 15 08 90 ·
www. bad-freienwalde.de ·
Öffnungszeiten beachten!

Baden
Badestelle am Dornbuschsee in Bralitz

Bootsverleih
Kanuverleih Oderberg
Auch geführte Kanutouren entlang der Alten Oder und zum Schiffsheberwerk.
Hermann-Seidel-Straße 62a ·
(01 74) 5 31 54 52 ·
www.kanu-oderberg.de

Marina Oderberg (siehe oben)
Kanu- und Ruderbootverleih sowie mit Duschen ausgestatteter Wasserwanderplatz.

Vom Bahnhof Chorin bis zum Schiffshebewerk Niederfinow

km 0–15

Startpunkt ist der **Bahnhof Chorin** 1. *Von hier aus radelt man nach rechts über die Choriner Dorfstraße, den Sandkruger Weg und den kurz darauf links abzweigenden Weg zur Angermünder Straße und von dort aus rechts weiter nach* **Sandkrug**. *Wer sich das* **Kloster** *ansehen möchte (▶ Tour 16, Seite 171), folgt kurz vor der Angermünder Straße dem entsprechenden Hinweisschild.*

In Sandkrug angekommen, zweigt links der Lieper Weg nach Niederfinow ab. Jetzt geht es mehrere Kilometer in stetem Auf und Ab durch den Wald, wobei man sich jeweils rechts hält. Schließlich lichtet sich der Wald, vor einem taucht der **Oder-Havel-Kanal** *auf, der 1914 als Großschifffahrtsweg Berlin-Stettin von Plötzensee bis Hohensaaten eingeweiht wurde, heute aber nur die Havel mit Niederfinow verbindet. Hier fährt man rechts an der Landstraße entlang, überquert die große, moderne Brücke. Kurz danach weist einen die Ausschilderung links auf den asphaltierten Fahrradweg, der in Richtung Stecherschleuse/Niederfinow führt. Durch Waldlandschaft gelangt man nach* **Stecherschleuse,** *fährt links weiter und durchquert den idyllischen Ort* **Niederfinow** *mit seiner hübschen Dorfkirche. Nach weiteren 2 Kilometern erreicht man einen der größten Besuchermagneten der Region: das* **Schiffshebewerk** 2.

Zum alten Industriedenkmal gesellt sich inzwischen das neue Schiffshebewerk

See
Weißer See
Brodowin
Wesens
Chorin
1
Chorin
Kloster Chorin
Sandkrug
Liepe
Oder-Havel-Kanal
Oderberger Gewässer
Schiffshebewerk
2
Alte
Kiesgrube
Finowkanal
Stecher-schleuse
Finowkanal
Eberswalde
Niederfinow
Niederfinow
Sommerfelde
B 167
Tornow
Hohenfinow
B 167
Falkenberg (Mark)
Falkenberg
Freienwalder Landgra
N
1000 m

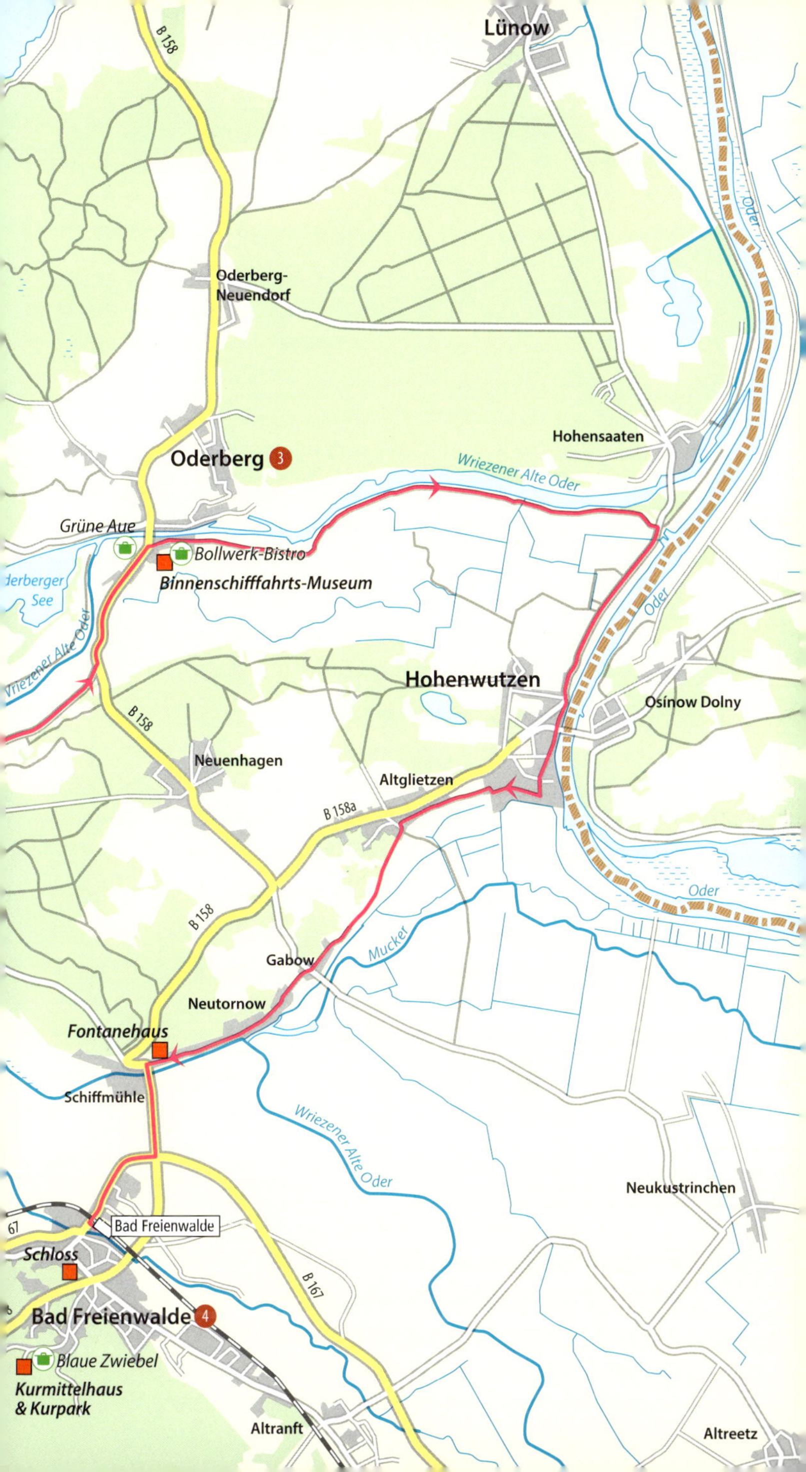

Lünow
B 158
Oder
Oderberg-
Neuendorf
Hohensaaten
Oderberg 3
Wriezener Alte Oder
Grüne Aue
Bollwerk-Bistro
Binnenschifffahrts-Museum
Oderberger
See
Wriezener Alte Oder
Oder
Hohenwutzen
Osínow Dolny
B 158
Neuenhagen
Altglietzen
B 158a
Oder
B 158
Mucker
Gabow
Neutornow
Fontanehaus
Schiffmühle
Wriezener Alte Oder
Neukustrinchen
Bad Freienwalde
Schloss
B 167
Bad Freienwalde 4
Blaue Zwiebel
Kurmittelhaus
& Kurpark
Altranft
Altreetz

Einkehren

Bollwerkbistro · Oderberg
Liebenswertes, kleines Lokal am Wasser mit schönem Blick auf die Altstadt von Oderberg, das leider nur sehr eingeschränkt geöffnet ist.
Hermann-Seidel-Straße 53 · 16248 Oderberg · (03 33 69) 74 40 00 in der Saison Sa/So 11–18 Uhr

Restaurant und Pension Grüne Aue · Oderberg
Deftige Hausmannskost direkt am Fluss, auch gut ausgestattete Zimmer (DZ ab 75 €).
Hermann-Seidel-Straße 1 · 16248 Oderberg · (03 33 69) 7 36 20 · www.gruene-aue-oderberg.de · Mo–Fr 18–20, Sa/So 11.30–14.30 Uhr

Café Blaue Zwiebel · Bad Freienwalde
Am idyllischen Ufer des Papenteichs gibt es hausgemachten Kuchen, Eis und regionale Spezialitäten, mitunter zu den Klängen von Klaviermusik.
Gesundbrunnenstraße 32a · 16259 Bad Freienwalde · (0 33 44) 1 50 19 27 · www.cafe-blaue-zwiebel.de · in der Saison tgl. 12–18, sonst Fr–So 14–17 Uhr

Schiffshebewerk Niederfinow

Das älteste noch arbeitende Schiffshebewerk in Deutschland ist tatsächlich ein Meisterwerk der Technik. 60 Meter hoch, 94 Meter lang, 27 Meter breit und mit einer Troglänge von 85 Metern war die gigantische Stahlkonstruktion bei ihrer Fertigstellung 1934 der weltgrößte Schiffs-Fahrstuhl. Bis heute überwindet sie eine 36 Meter hohe Stufe im Oder-Havel-Kanal und kann in fünf Minuten bis zu 100 Tonnen schwere Schiffe heben. Dieses Schauspiel kann man von einer Besucherplattform aus mitverfolgen, die auch einen Blick in die alte Treppenschleuse von 1914 ermöglicht. Noch eindrucksvoller ist eine Fahrt mit dem Schiff durch das Hebewerk, eine Anlegestelle für Ausflugsdampfer befindet sich vor Ort.

Gleich neben dem Industriedenkmal ist inzwischen ein neues Hebewerk entstanden, das die wichtige Ost-West-Wasserverbindung erhalten soll. Denn das alte ist für moderne Fahrzeuge mit bis zu 110 Metern Länge zu klein geworden. Mehr darüber erfahren lässt sich im Infozentrum, das auch Besichtigungen organisiert (Hebewerkstraße 52 · (03 33 62) 7 13 77 · www.schiffshebewerk-niederfinow.info · Ende März–Okt. tgl. 9.30–17.30, Nov./Dez., Ende Feb.–Ende März tgl. 10–16 Uhr · Eintritt Ausstellung kostenlos, Schiffshebewerk 3 €).

Vom Schiffshebewerk nach Oderberg

km 15,5–26,5

Die folgende Strecke weicht von der Tour Brandenburg ab, da bei **Liepe** *die Brücke über den Oder-Havel-Kanal auf unbestimmte Zeit gesperrt ist. Für die Umleitung zweigt noch vor dem Schiffshebewerk rechts der Fahrradweg nach Oderberg ab. Er führt erst am malerischen Kanal entlang bis zur Alten Schleuse, dann folgt man den Wegweisern nach Bralitz durch schöne Wiesenlandschaft mit mehreren Wasserläufen. An einer Stelle muss man leider eine kleine, steile Treppenbrücke überqueren, was mit schweren E-Bikes nicht ganz einfach ist. Problemlos gelangt man dagegen anschließend über die Alte Finow und die* **Alte Oder.** *In* **Bralitz** *setzt sich der Weg dann links über Hauptstraße und Oderberger Straße fort und bringt einen an der Alten Oder entlang in das liebenswerte alte Städtchen* **Oderberg** 3.

Oderberg

Oderberg träumt in malerischer Lage am nördlichen Rand des Oderbruchs zwischen Hügeln, Wiesen und viel Wasser vor sich hin. Die Altstadt zieht sich an den Hängen über der Alten Oder entlang und spiegelt sich fotogen im Wasser. Doch die Zeiten, da der Fluss eine bedeutende Verkehrsader und für die Einwohner einträglich war, sind lange vorbei. Heute setzt man vor allem auf Tourismus – neben dem **Museumsschiff Riesa** laden Kanus dazu

Bei Oderberg wird es tatsächlich etwas „gebirgig"

Regeneration in schöner Umgebung: Kurmittelhaus von Bad Freienwalde

ein, die Umgebung – auch bei Mondscheintouren – vom Wasser aus zu erkunden. Mehr darüber lässt sich im liebevoll gestalteten **Binnenschifffahrtsmuseum** erfahren, das unter demselben Dach wie die Touristinformation die lange Geschichte des Städtchens aufrollt (Hermann-Seidel-Straße 44 · 16248 Oderberg · (03 33 69) 53 93 21 · www.bs-museum-oderberg.de · Apr.-Okt. tgl. 10–17, Nov.–März tgl. 10–15 Uhr).

Von Oderberg nach Bad Freienwalde

km 26,5–46

In Oderberg setzt sich der Weg geradeaus fort. Ohne die Brücke zur Altstadt zu überqueren, folgt man dem Radweg entlang der Alten Oder vorbei an der Bootswerft mit Marina. Unterwegs ergeben sich schöne Blicke auf die gegenüberliegende Altstadt. Dann fährt man auf beschaulichen Feldwegen nach **Hohensaaten.** *Hier ist jetzt die eigentliche, große* **Oder** *erreicht, die sich als breiter Fluss gemächlich nach Norden schlängelt.*

Statt dem Flusslauf Richtung Ostsee zu folgen, radelt man in entgegengesetzter Richtung auf dem Oderdeich nach Süden. Auf der anderen Flussseite grüßt das Nachbarland Polen. In **Hohenwutzen** *angekommen, folgt man den Wegweisern nach Bad Freienwalde. Sie führen einen rechts über die Neuglietzener Straße und den Mittelweg nach* **Altglietzen** *und weiter nach* **Schiffmühle.** *Hier kann man noch einmal am* **Fontanehaus** *Station machen. In dem hüb-*

schen Fachwerkhäuschen verbrachte der Vater von Theodor Fontane seine letzten Lebensjahre. An den Apotheker und die häufigen Besuche seines Schriftsteller-Sohns erinnert eine kleine Ausstellung, die allerdings nur unregelmäßig zugänglich ist. Kurz danach erreicht man die B 158, fährt auf ihr links über die Brücke über die Wriezener Alte Oder. Gleich beginnt auf der rechten Straßenseite ein Fahrradweg, der einen über die rechts abzweigende Bundesstraße 167 zum Bahnhof von **Bad Freienwalde** ❹ *bringt. Vor der Rückfahrt lohnt sich ein Streifzug durch das Kurstädtchen.*

Bad Freienwalde

Brandenburgs ältester Kurort verdankt seine Entstehung der Heilkraft der Freienwalder Quelle, die ein Apotheker 1683 entdeckte und den gichtkranken Kurfürsten Friedrich Wilhelm veranlasste, rund um diesen Gesundbrunnen einen Kurbetrieb aufzubauen. So errichtete Carl Gotthard Langhans 1790 das historische **Badehaus** als Logierhaus für adelige Gäste, 1875 gesellte sich das **Kurmittelhaus** dazu, aus dem inzwischen eine Fachklinik für Orthopädie geworden ist. Auch ein **Kurpark** entstand unter Mitwirkung von Peter Joseph Lenné. Außerdem ließ sich Königin Friederike um 1799 ein **Schloss** als Sommersitz bauen – vorher hatte sie das hübsche, benachbarte **Teehäuschen** bewohnt. Um 1909 zog der Industrielle, Sozialphilosoph und spätere Außenminister der Weimarer Republik Walther Rathenau ins Schloss (Rathenaustraße 3 · Mi–So 11–16, Jan./Feb. nur Fr–So 11–16 Uhr).

In der Altstadt gruppieren sich die Stadtkirche **St. Nikolai** mit der mehr als 100-jährigen Kaisereiche und das spätklassizistische **Rathaus** mit Ratssaal von 1926 um den dreieckigen Marktplatz. Ein Stück weiter ist im sogenannten Adligen Freihaus mit barocker Fassade von 1774 das **Oderlandmuseum** untergekommen (Uchtenhagenstraße 2 · (0 33 44) 20 56 · Mi–Sa, Fei 11–17 Uhr). Weiter südlich, an der Georgenkirchstraße, hat die **Georgenkirche** im Fachwerkstil mehr als drei Jahrhunderte überdauert und wird heute als Konzerthalle genutzt.

Schöne Aussichtspunkte in der recht hügeligen Umgebung sind der Schlossberg und der **Galgenberg,** bei dem es seit 2001 wieder eine Skisprungschanze gibt. Schließlich hat Bad Freienwalde mit seinem weitläufigen Hügelgelände eine fast hundertjährige Tradition als Wintersportzentrum.

Bad Freienwalde – Küstrin-Kietz

18 Durch einsame Oderauen mit Blick ins Nachbarland

Start	Ziel	Länge	Fahrzeit
Bhf. Bad Freienwalde	Bhf. Küstrin-Kietz	61 km	ca. 4 Std.

An der Oder scheint die Zeit stehen geblieben zu sein. Beschauliche Wiesen- und Weidelandschaft umgibt die nicht begradigten Ufer. Wenn der Fluss über die Ufer tritt, stehen die Auen unter Wasser, im Frühling hingegen überzieht ein Blütenmeer die menschenleere Landschaft. Hier und da beleben Kühe, Schafe oder Pferde das Bild, Kormorane, Fischadler und Trauerseeschwalben kreisen in der Luft. All das kann man auf sich wirken lassen, wenn man vom Kurstädtchen Bad Freienwalde auf dem gut ausgebauten Oder-Neiße-Radweg gen Süden radelt. Ziel ist der Bahnhof Küstrin-Kietz.

Viel Freiraum für Radfahrer am Oder-Neiße-Radweg

Infos zur Tour

Anfahrt
Bahnhof Bad Freienwalde (RE 3, wochentags stündlich, am Wochenende alle 2 Std. von Berlin Hbf. und RB 60 über Eberswalde, ca. 1 Std. 15 Min.)

Rückfahrt
Küstrin-Kietz (RB 26, stündlich, direkt bzw. mit Umstieg in Lichtenberg und weiter mit S75 bis Ostkreuz, ca. 1 Std. 20 Min.)

Kombinationsmöglichkeiten
Die Tour ist kombinierbar mit Tour 17 von Chorin nach Bad Freienwalde

Streckenverlauf
Bad Freienwalde – Schiffmühle – Altglietzen – Hohenwutzen – Zollbrücke – Groß Neuendorf – Kienitz – Küstrin-Kietz

Streckencharakteristik
Landschaftlich sehr reizvolle Tour auf meist asphaltierten, bequemen Fahrradwegen.

Schwierigkeit
Einfach

Beschilderung
Tour Brandenburg von Bad Freienwalde bis Hohenwutzen, ab da Oder-Neiße-Radweg

Information
www.oder-neisse-radweg.de

Ladestationen
Groß Neuendorf
Pension Maschinenhaus · Hafenstraße 2 · (03 34 78) 38 77 10 · www.maschinenhaus-online.de

Kienitz
Gasthof „Zum Hafen" · Deichweg 20 (▸ Seite 186)

Baden
Vom Baden in der Oder ist wegen der mangelnden Wasserqualität und der Strömung abzuraten. Allerdings gibt es Badestellen am Sophienthaler Polder bei Sydowswiese und einem kleinen Odernebenarm bei Kienitz.

Bootsverleih
Naturerlebnishof Uferloos · Kienitz
Der Bauernhof mit Zirkuswagen und Zelten zum Übernachten betreibt auch einen Kanuverleih und bietet geführte Kanutouren an.
Deichweg 9 · 15324 Letschin, OT Kienitz · (03 34 78) 3 89 76 · www.uferloos.de

Kanuverleih am Oderdeich · Letschin
Kienitzer Straße 19a · 15324 Letschin · (03 34 75) 5 75 48 · www.kanu-oderbruch.de

Hohenwutzen
Stara Rudnica
Altglietzen
B 158
Neuenhagen
Gabow
Neutornow
Fontanehaus
Schiffmühle
Odra/Oder
Siekierki
POLEN
Alte Oder
Neuranft
Neurüdnitz
Zollbrücke
2
Stare
Lysogorki
Neuküstrinchen
Zäckericker
Loose
Damm-
meisterei
Bad
Freienwalde
B 167
Bad Freienwalde
1
Schloss
Freienwalde
Kurmittelhaus
& Kurpark
Neureetz
Neulietze-
göricke
Godzdowice
Altranft
Altreetz
Altwustrow
Czelin
Altwriezen
Zelliner
Loose
Neulewin
Haselberger
Heide
N
2000 m
B 167
Eichwerder
Wriezen
Jüdischer Friedhof
Landfrauen-Café

Jüdischer Friedhof
Landfrauen-Café
Neubarnim
Groß
Neuendorf 3
POLEN
Gudzisz
Porzecze
Namyslin
Sowj. Panzer
Zum Hafen
Radfahrerkirche
Kienitz 4
Chlewice
Namyslinski
Las
Sophienthal
Wuschewier
Letschin
Szumilowo
Letschin
Genschmar
Kostrzyn
Odra/Oder
Zechin
N
2000 m
Bleyen
Küstrin-Kietz 5
Küstrin-Kietz
Platkow
Golzow
Gorgast
Gorgast

Einkehren

Galerie-Restaurant Dammmeisterei · Zollbrücke
In den hübschen Fachwerkgebäuden wird sehr gute regionale Küche serviert. Außerdem gibt es hier Ausstellungen und Kochkurse. Mit Fahrradverleih
Zollbrücke 10 · 16257 Oderaue, OT Zäckericker Loose · (03 34 57) 46 90 99 · www.dammmeisterei.de · Apr.–Okt. Fr–Di, im Winter Fr–So 11.30–21 Uhr

Landfrauen-Café · Groß Neuendorf
Bodenständige Küche, Kaffee und Kuchen, außerdem einfache Zimmer (DZ inkl. Frühstück ab 50 €).
Straße der Freundschaft 12 · 15324 Groß Neuendorf · (03 34 78) 49 02 · www.gross-neuendorf-landfrauen.de · in der Saison Mi–Mo ab 11.30, sonst Fr–So 11.30–14.30 Uhr

Gasthaus Zum Hafen
In der letzten Einkehrmöglichkeit gibt es eher schlichte Hausmannskost, auch auf der Terrasse am Wasser. Außerdem einfache Zimmer und Campingplatz (Nacht im Zelt 7 €/Person).
Deichweg 20 · 15324 Kienitz · (03 34 78) 4 40 · www.gasthof-zum-hafen-kienitz.de · Mai–Sep. tgl. 8–18 Uhr, Okt.–Apr. 10–17 Uhr, Mi/Do geschlossen

km 0–20

Vom Bahnhof Bad Freienwalde nach Zollbrücke

Startpunkt ist der Bahnhof in **Bad Freienwalde** **1**. *Wer sich noch im Ort umsehen will, fährt auf der Bahnhofstraße links ins Zentrum (▸ Tour 17, Seite 181). Ansonsten führt der Weg auf der Bahnhofstraße/B 167 rechts stadtauswärts. Zwischendurch wechselt man auf den Radweg auf der linken Straßenseite, der einen wieder links entlang der B 158 nach* **Schiffmühle** *bringt. Vorbei am* **Fontanehaus** *(▸ Seite 180) geht es dann rechts weiter über Neutornow und Gabow nach* **Altglietzen** *und weiter geradeaus nach* **Hohenwutzen.** *Man folgt den Wegweisern nach Sydowswiese/Zollbrücke und erreicht die* **Oder.** *Nun geht es rechts auf den bequemen, asphaltierten Oder-Neiße-Radweg und dann immer am Flussufer entlang.*

Vom Oderdeich schweift der Blick über die einsamen Oderauen ins Nachbarland Polen. Man kommt an der alten **Eisenbahnbrücke** *vorbei, die Radfahrern ab 2022 als „Europabrücke" mit der Überquerung des Flusses ganz neue Wege ermöglichen soll.*

Während sich die Speichen drehen, kommt mitunter geradezu meditative Stimmung auf – höchstens mal unterbrochen durch ein paar galoppierende Pferde, eine Kuh- oder Schafherde. Wo der

Fluss über die Ufer treten darf und das Land hin und wieder überschwemmt, scheint die Zivilisation Welten entfernt. Doch in **Zollbrücke** ❷ *holt sie einen wieder kurzzeitig ein.*

Zollbrücke

So winzig Zollbrücke, ein Ortsteil von Zäckericker Loose, ist, so viel hat es zu bieten. Zum Ziegenhof Zollbrücke (Zollbrücke 20 · (01 73) 6 13 15 69 · www.ziegenhof-zollbruecke.de), der außer Käse auch Eis aus Ziegenmilch anbietet, gesellt sich das Galerie-Restaurant Dammmeisterei, das seine gute Küche mit Kunstausstellungen umrahmt. Außerdem hat sich hier das **Theater am Rand** mit ambitionierten Kabarett-, Theater- und Konzertdarbietungen über die Region hinaus einen Namen gemacht. Häufig finden die Veranstaltungen in dem avantgardistisch-skurrilen Holzbau auch nachmittags statt, sodass man sie sozusagen auf dem Weg mitnehmen kann. Zum Theater gehört außerdem die Randwirtschaft, Deutschlands einziger biozertifizierter Gastronomiebetrieb (Zollbrücke 16 · (03 34 57) 6 65 21 · www.theateramrand.de · Restaurant immer ab 2 Std. vor Spielbetrieb geöffnet).

Von Zollbrücke bis Groß Neuendorf

km 20–35,5

Nachdem man dem mäandernden Fluss weiter gemütlich gefolgt ist, zeichnet sich der Oderturm von **Groß Neuendorf** ❸ *am Ufer ab.*

Europabrücke Neurüdnitz-Siekierki: der neue Weg ins Nachbarland

Der alte Verladeturm in Groß Neuendorf

Groß Neuendorf

Der ehemalige **Verladeturm** der Hafenanlage von Groß Neuendorf ist das Wahrzeichen des 650-jährigen Orts, der Warenumschlagplatz auf der Oder war. Heute beherbergt er ein Café mit schönem Ausblick und eine recht teure Ferienwohnung. Günstiger kommt man in den alten, gut ausgestatteten Waggons unter, die gleich daneben für Übernachtungsgäste bereitstehen (Hafenstraße 1a · www.verladeturm.de). Eine Brücke führt vom Turm zum dazugehörigen Maschinenhaus, das als Hotel fungiert. In nächster Nachbarschaft haben sich ein Fahrradverleih und ein Laden mit regionalen Produkten angesiedelt, ein Stück weiter serviert das Landfrauen-Café deftige Hausmannskost. Am Ende der Alten Dorfstraße liegt die hübsche Backsteinkirche von 1850.

Jenseits des Ortszentrums erinnert ein gut erhaltener **jüdischer Friedhof** an die frühere jüdische Gemeinde, Schilder weisen den Weg. Die Synagoge wurde zu DDR-Zeiten in ein Wohnhaus verwandelt. Einen Abstecher lohnt je nach Zeitpunkt auch die Galerie Koch und Kunst, die nicht nur mit Ausstellungen lockt, sondern auch zu Foto- und Kochkursen einlädt (Poststraße 12 · (03 34 78) 45 41 · www.kochundkunst.de).

km 35,5–39

Von Groß Neuendorf nach Kienitz

Nach nur wenigen Kilometern kann man noch mal einen Zwischenstop in **Kienitz** ❹ *einlegen, wo es auch die letzte Einkehrmöglichkeit und einiges zu sehen gibt.*

Kienitz

In Kienitz erinnert ein **Panzer** des sowjetischen Typs T34 daran, dass der Ort der erste westlich der Oder war, der 1945 von der Roten Armee auf ihrem Weg nach Berlin eingenommen wurde.

Ansonsten lockt das Gasthaus Zum Hafen mit seiner Terrasse am Wasser zu einer letzten Einkehr auf der Strecke. Dazu gehören auch eine Pension und ein Campingplatz. Passend zur touristischen Ausrichtung des Orts hat sich das dortige Gotteshaus in eine **Radwegekirche** verwandelt. Auch Nichtgläubige sind eingeladen, hier einen Moment innezuhalten und können sich im Sommer im Café Himmel & Erde im offenen Kirchenschiff stärken (Ostern–Anfang Okt. je nach Wetter Fr–So 13–17 Uhr).

Von Kienitz nach Küstrin-Kietz

km 39–61

Auf den letzten 20 Kilometern gilt es noch einmal ordentlich in die Pedalen zu treten, bis man **Küstrin-Kietz** 5 *erreicht, den nach dem Zweiten Weltkrieg bei Deutschland verbliebenen Teil der Stadt Küstrin (Kostrzyn). Am anderen Oderufer liegen in Sichtweite die Ruinen der Küstriner Altstadt und der alten preußischen Festungsanlage, die im Krieg vollkommen zerstört wurden.*

Am Ort angekommen, fährt man gleich rechts in die Wilhelmstraße, später Rosendamm. Schließlich überquert man links die Bahngleise und biegt gleich darauf wieder links ab zum Bahnhof.

Auf dem Deich oder lieber unten? An der Oder entlang rollt es sich bequem auf zwei Spuren

Liebe Leserinnen und Leser,
alle Angaben in diesem Radtourenführer sind gewissenhaft geprüft. Trotz gründlicher Recherche können sich manchmal Fehler einschleichen. Wir bitten um Verständnis, dass der Verlag dafür keine Haftung übernehmen kann. Über Hinweise, Berichtigungen und Ergänzungsvorschläge freuen wir uns jederzeit!

Verlagsanschrift
via reise verlag
Lehderstraße 16–19
13086 Berlin
post@viareise.de
www.viareise.de

1. Auflage, Berlin 2021

ISBN 978-3-945983-97-3

Text & Recherche
Ulrike Wiebrecht

Redaktion
Nelly Möller

Herstellung & Gestaltung
Katharina Arlt & Annelie Krupicka

Kartografie
Katharina Arlt, Annelie Krupicka, Stephan Moskophidis, Berlin

Druck
Druckhaus Sportflieger, Berlin

FSC www.fsc.org MIX Papier aus verantwortungsvollen Quellen FSC® C104586

Fotos
Ulrike Wiebrecht, außer:
Andreas Steinhoff 27; Anna Peters 161; christiane65/stock.adobe.com 139; D. & S. Langenberg/stock.adobe.com 79; Gabriele Planthaber/pixelio.de 112; gemeinfrei 34, 36, 162; ginton/stock.adobe.com 131; globetrotter1/stock.adobe.com 143; holger.l.berlin/stock.adobe.com 137; Juliane Schumacher, www.radelmaedchen.de 119; Kerstin Schweizer 60; Klaus Scheddel 17, 18, 31, 41, 42, 53, 54, 81, 82, 83, 91, 94, 99, 121, 153, 154, 164; Margit Völtz/pixelio.de 62; nh-kwh/pixelio.de 28; Peter Probst/shutterstock.com 74; Pavla Nejezchleba 21, 140; Rolf Handke/pixelio.de 110; Sina Ettmer/stock.adobe.com 85, 92, 103, 104; Steffen Zahn from Berlin, Germany - Gedenkstätte Seelower Höhen, CC BY 2.0, https://commons.wikimedia.org/w/index.php?curid=69788722) 51; Zibell/TMB Fotoarchiv 169

Umschlag vorn
Genuss-Radeln auf dem E-Bike
(www.flyer-bikes.com | pd-f)

Umschlagklappe vorn
Fährhaus Caputh
(Sina Ettmer/stock.adobe.com)

Umschlag hinten
In den Spreeauen zwischen Erkner und Fürstenwalde
(Ulrike Wiebrecht)

Foto Seite 1
Auf dem Pankeradweg
(Ulrike Wiebrecht)